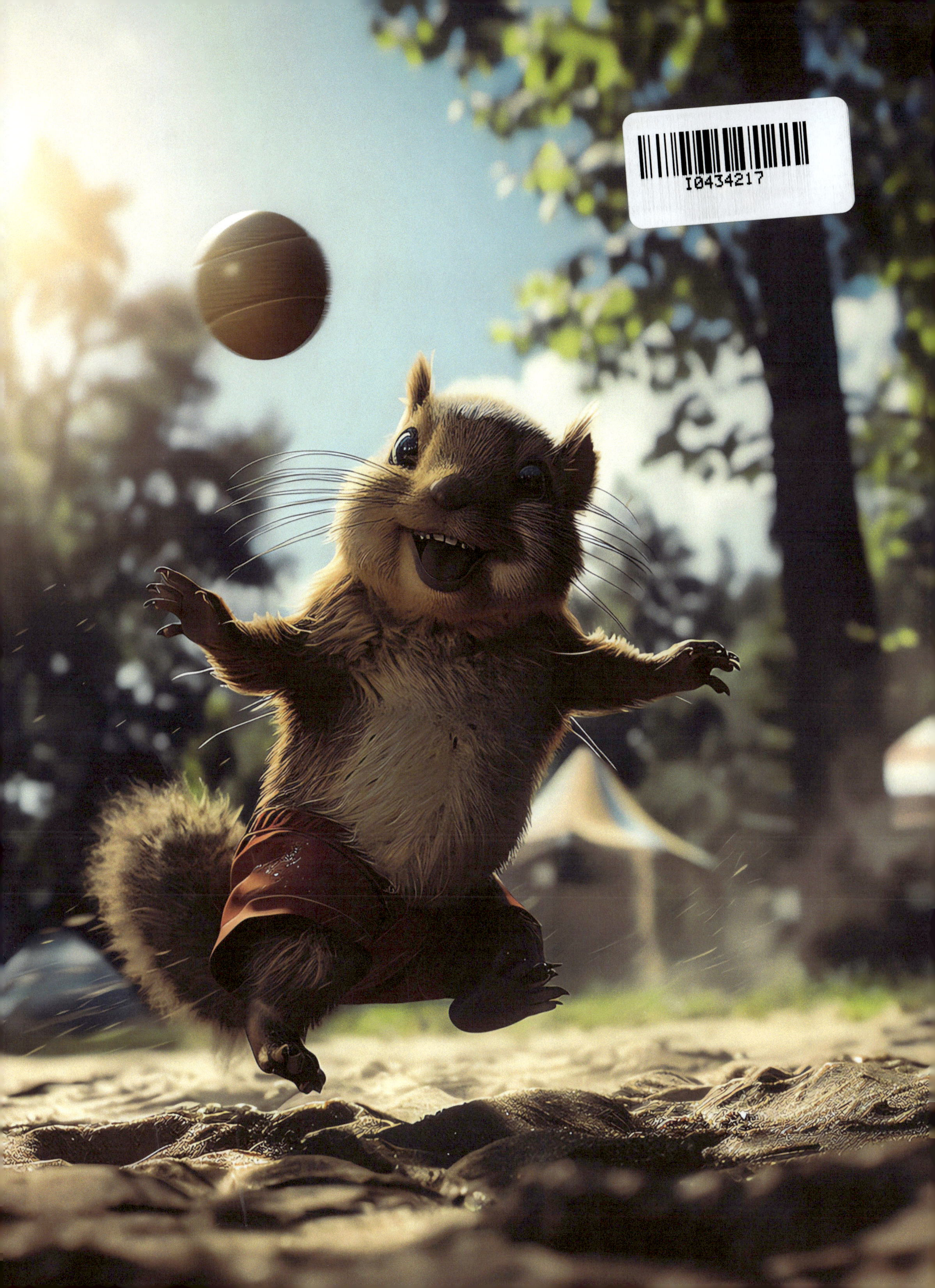

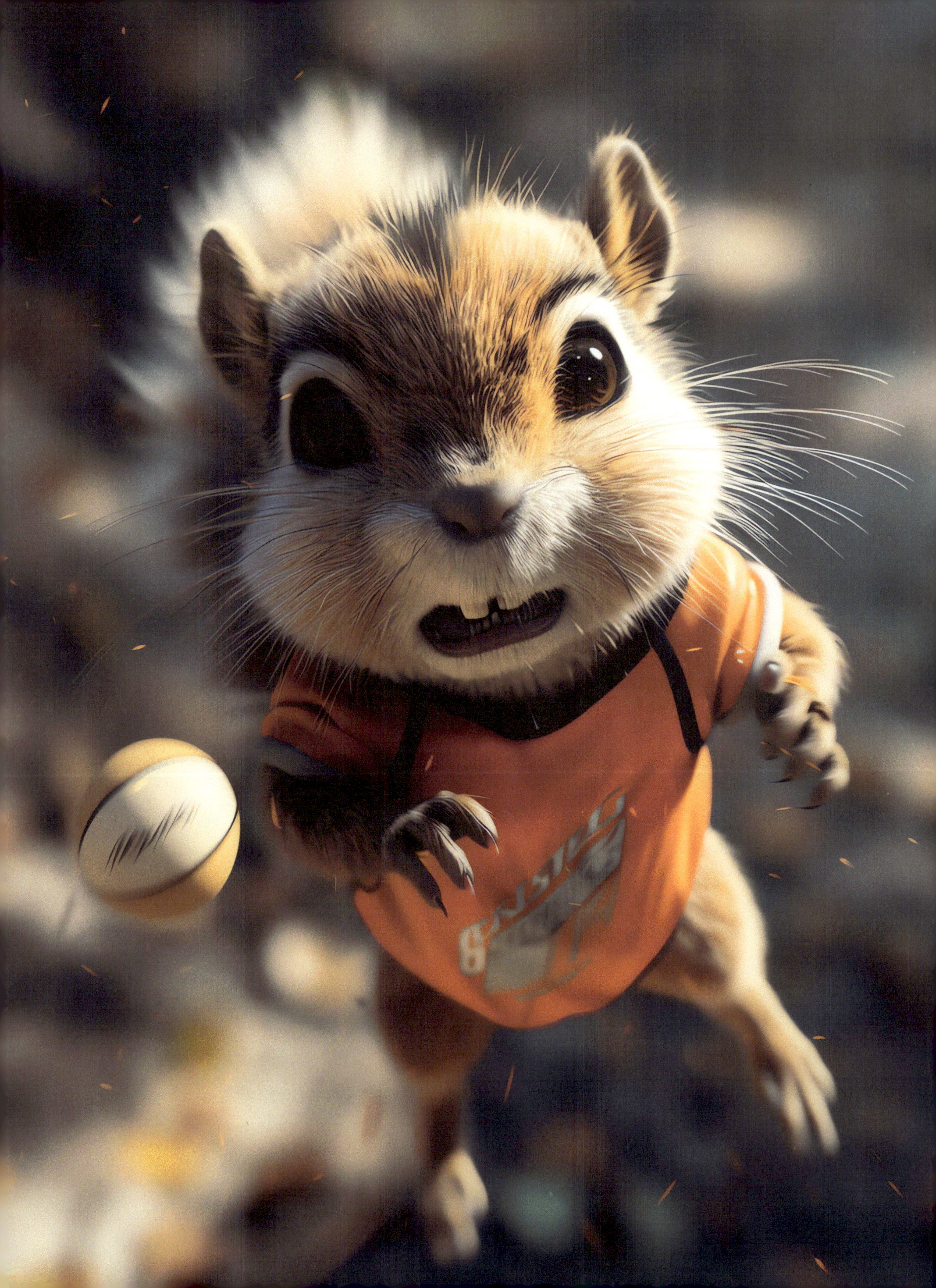

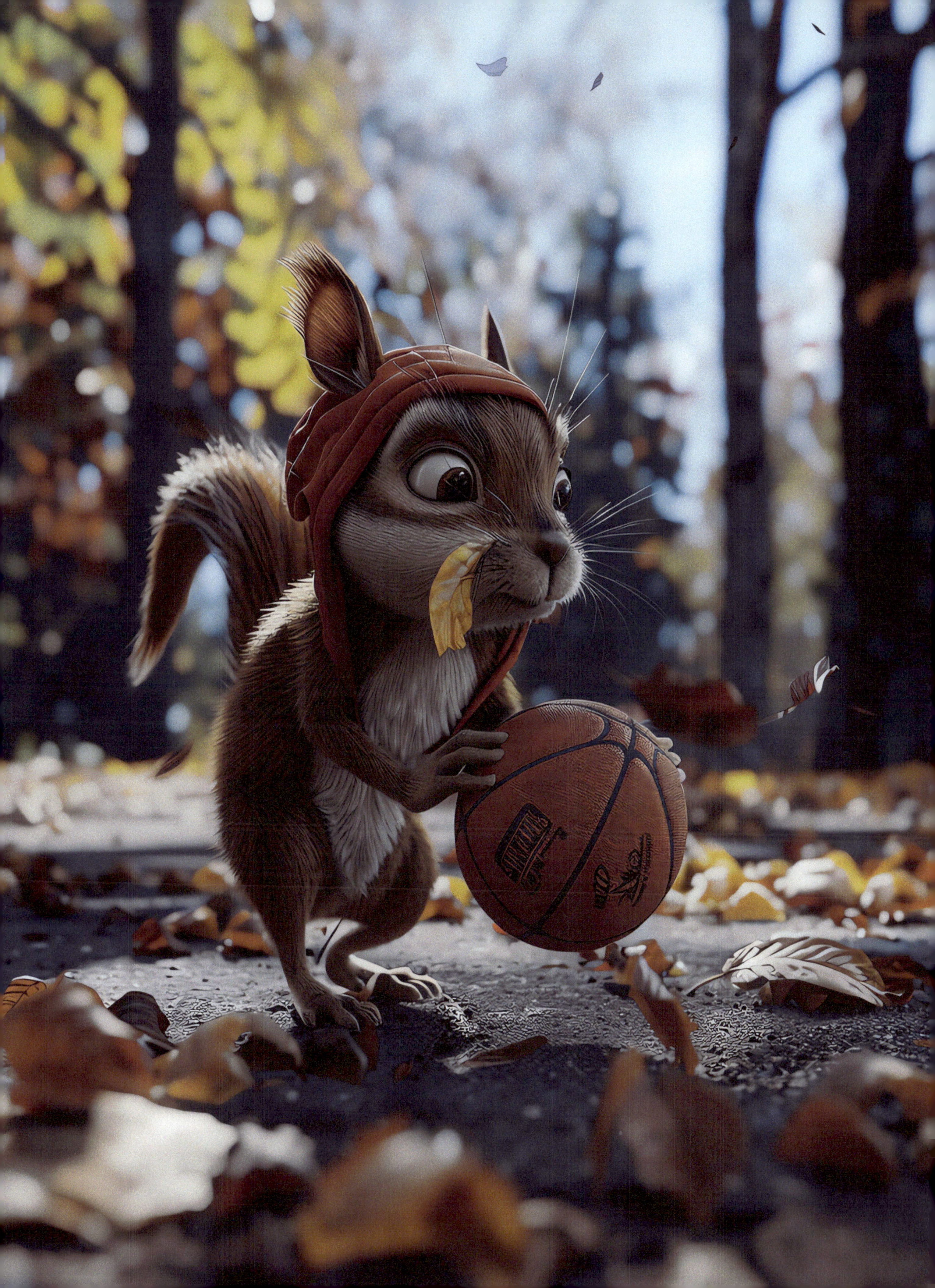

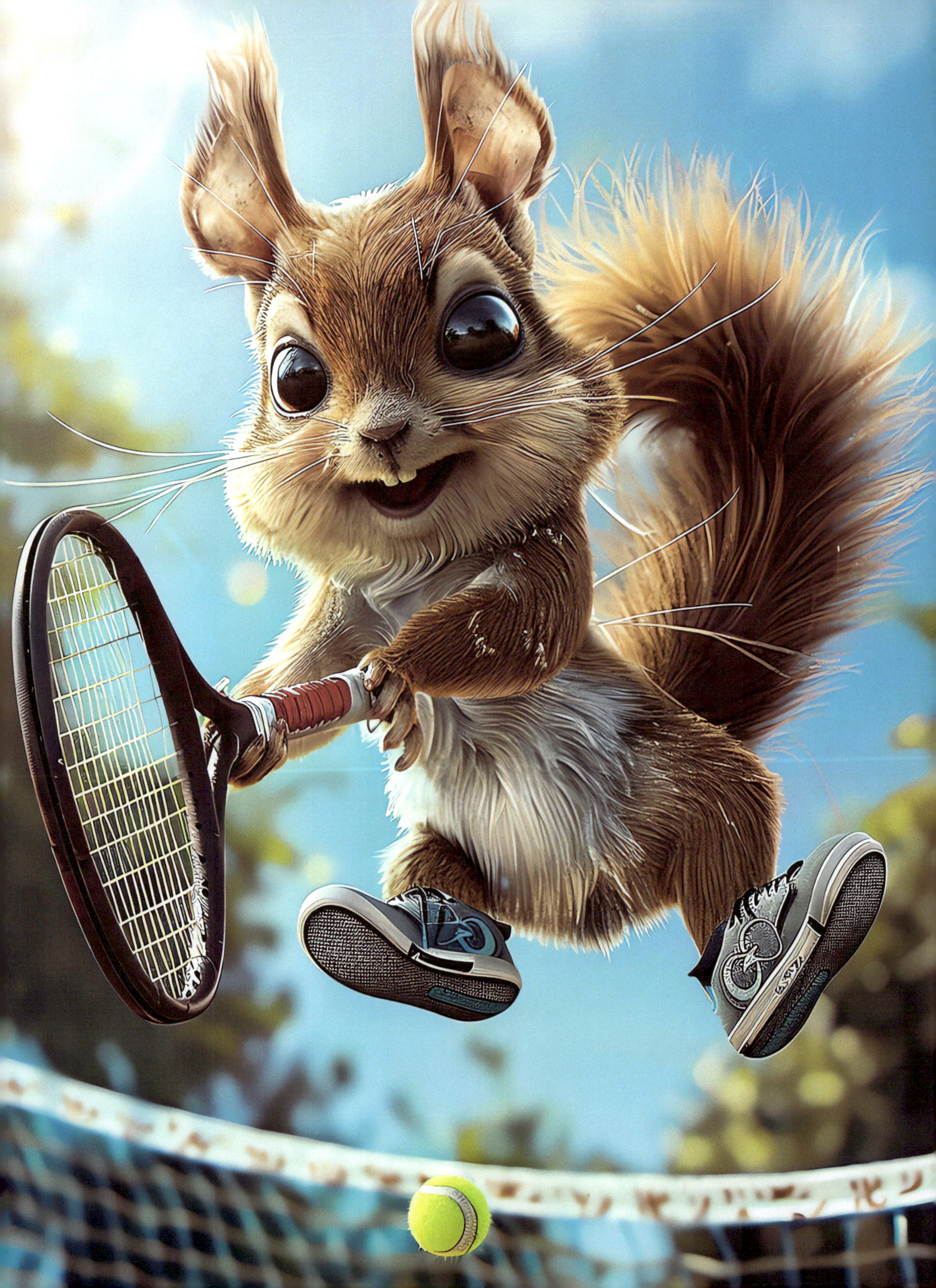

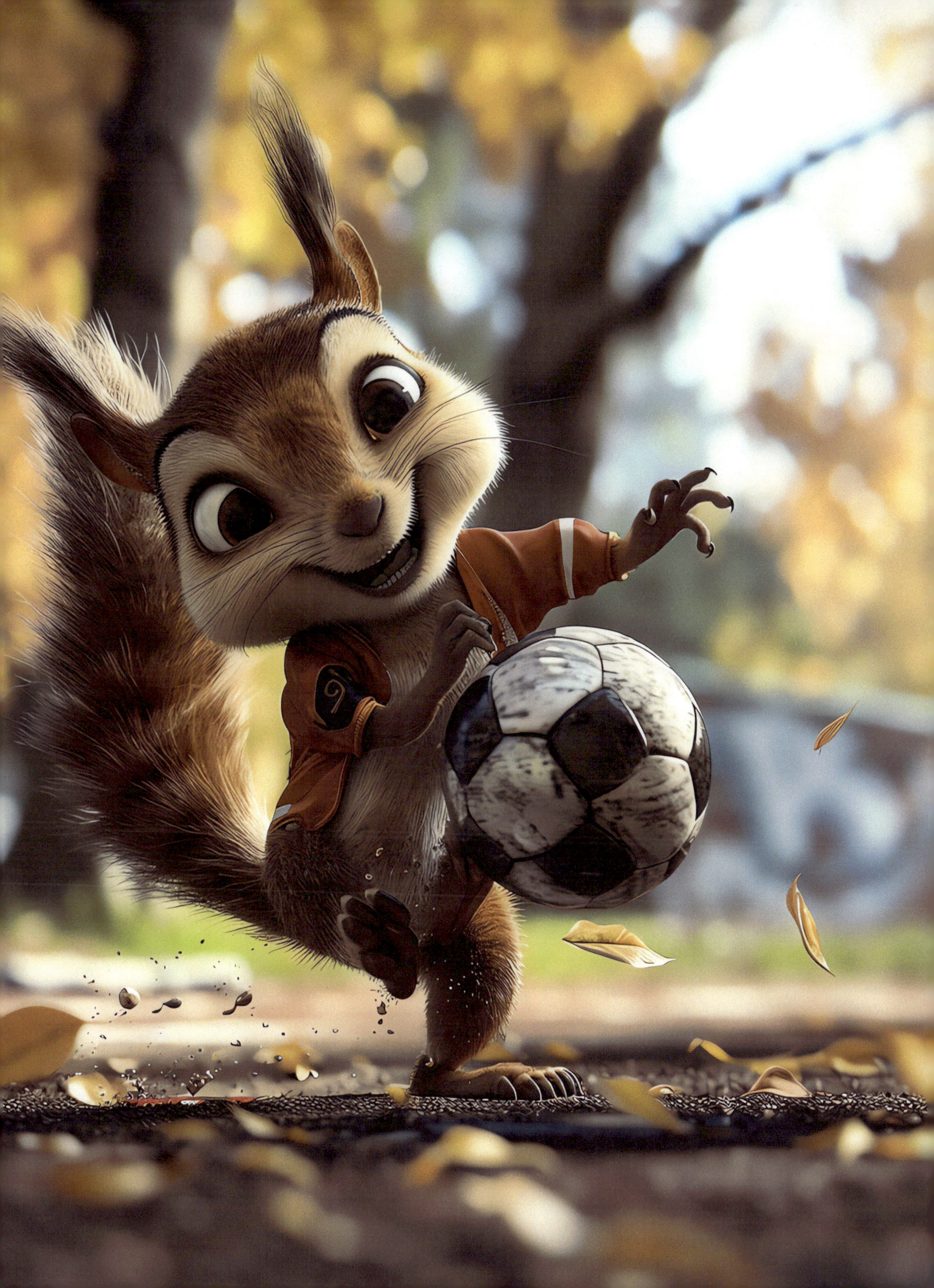

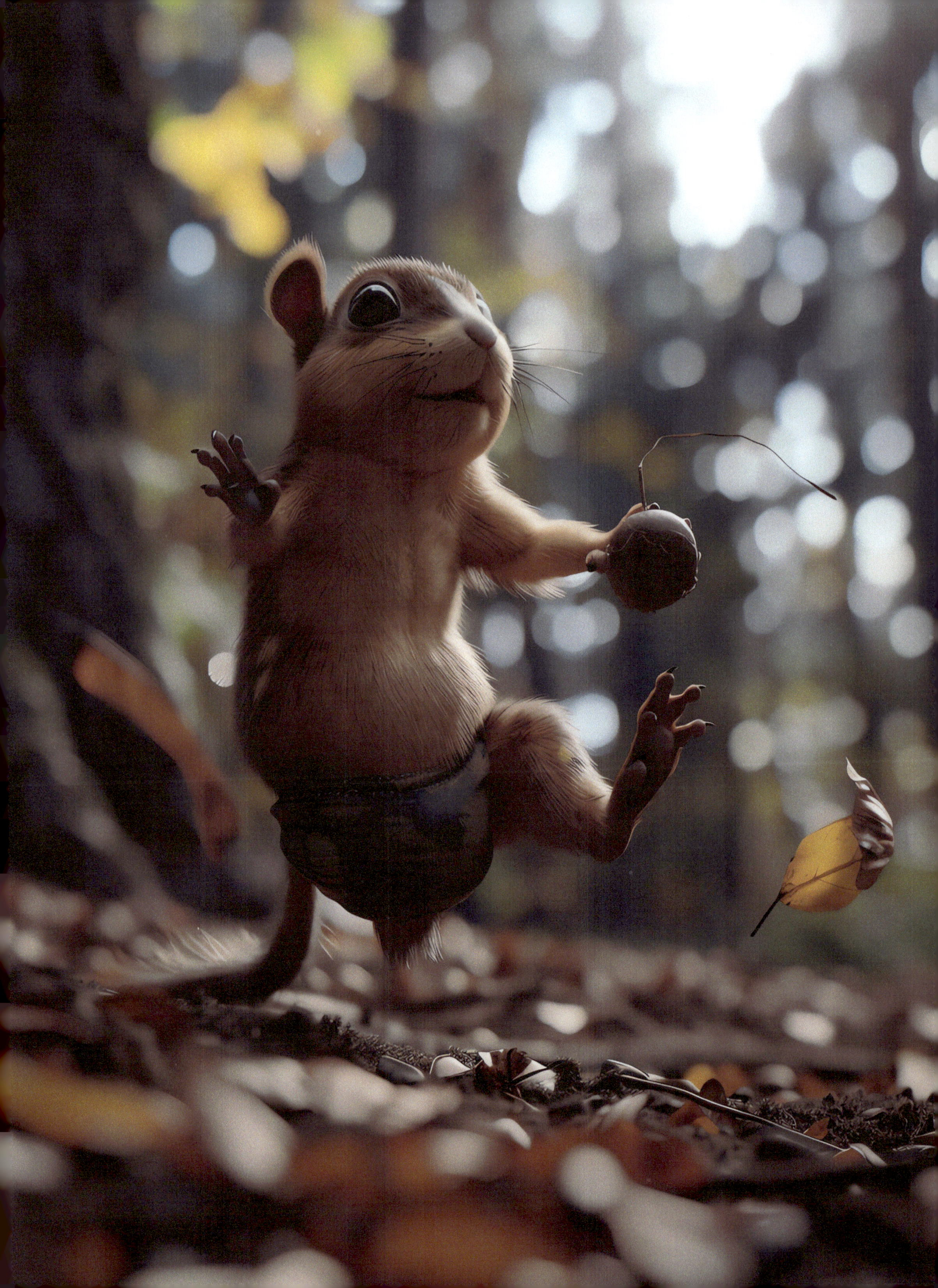

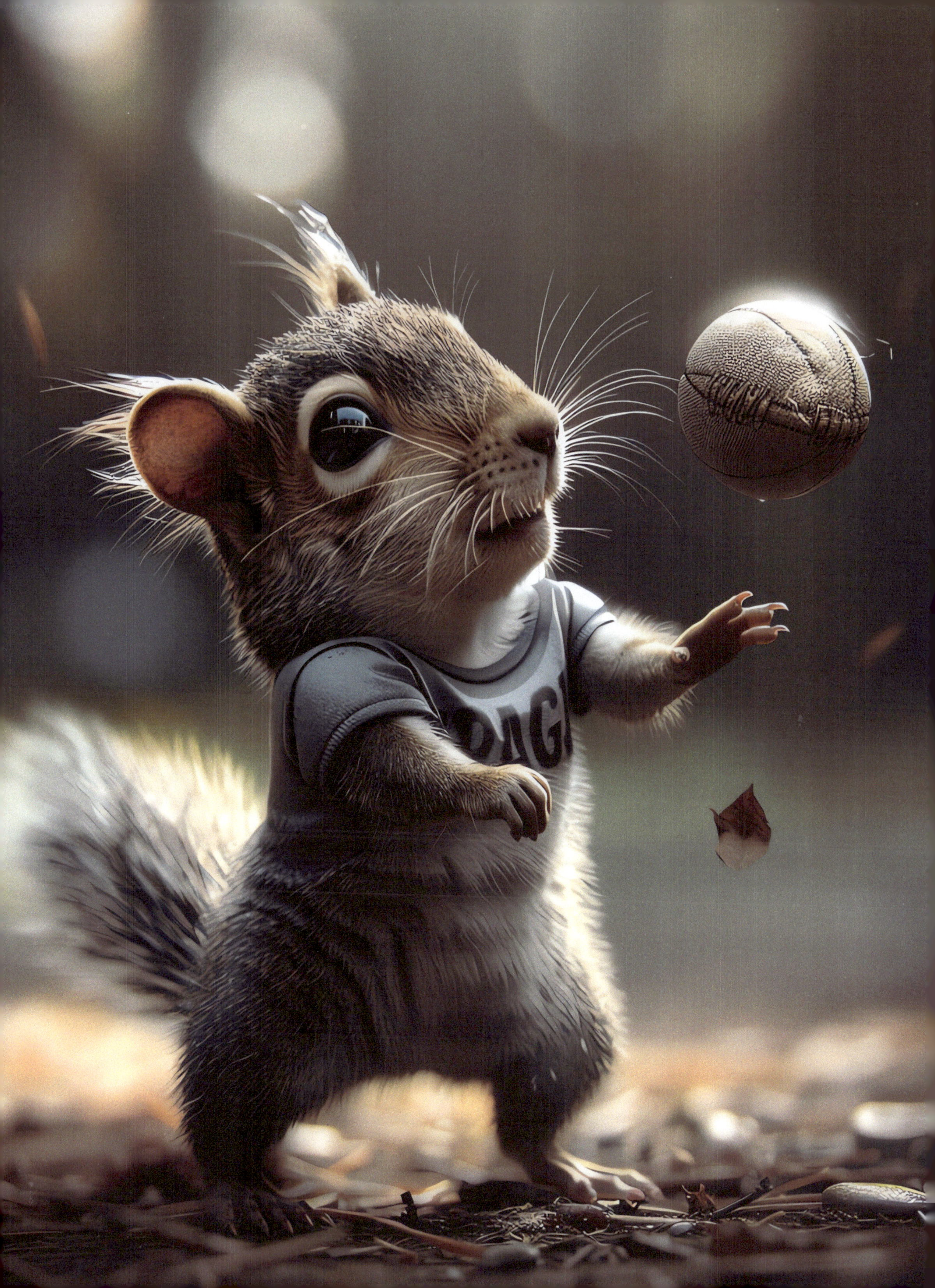

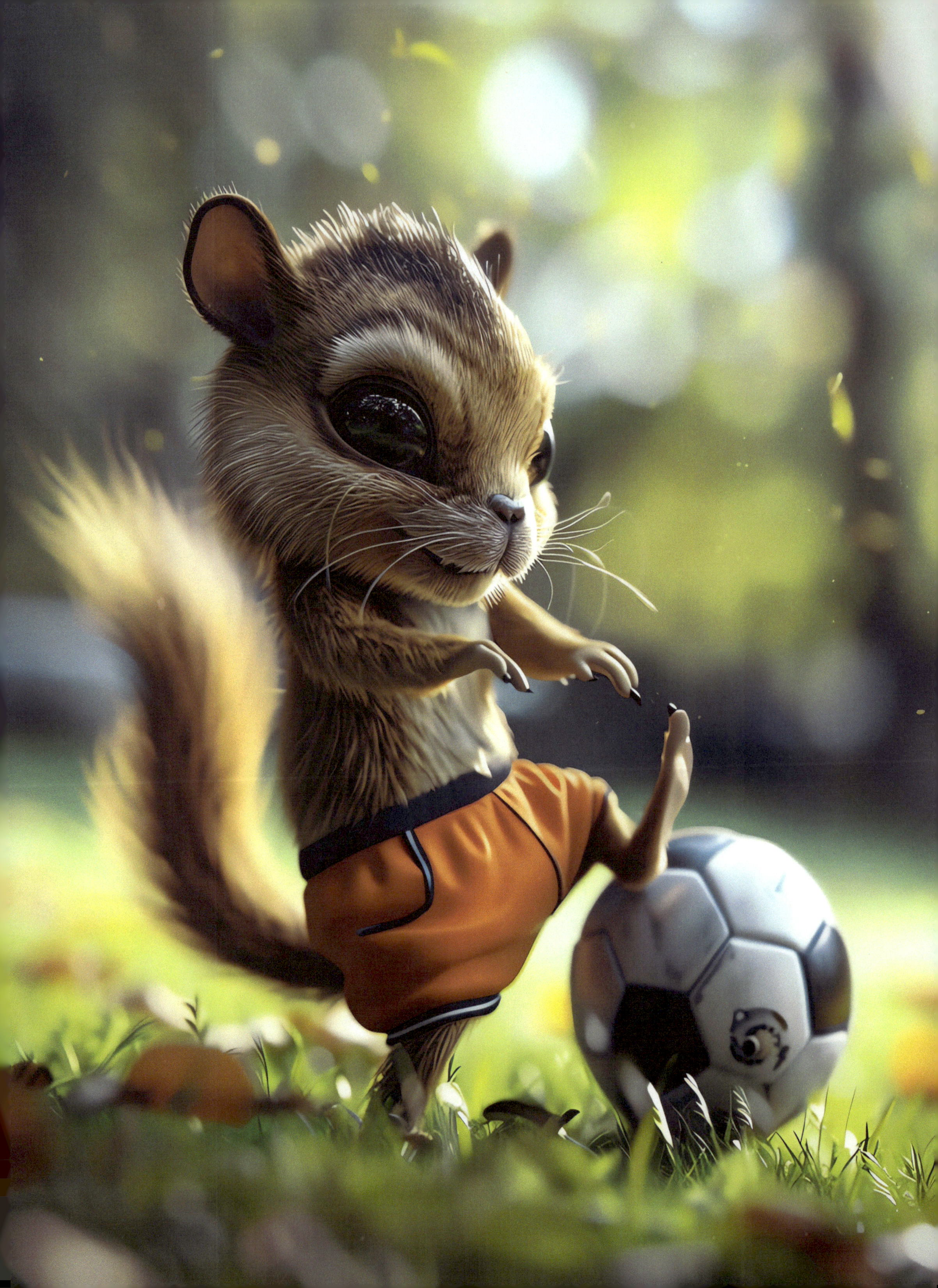

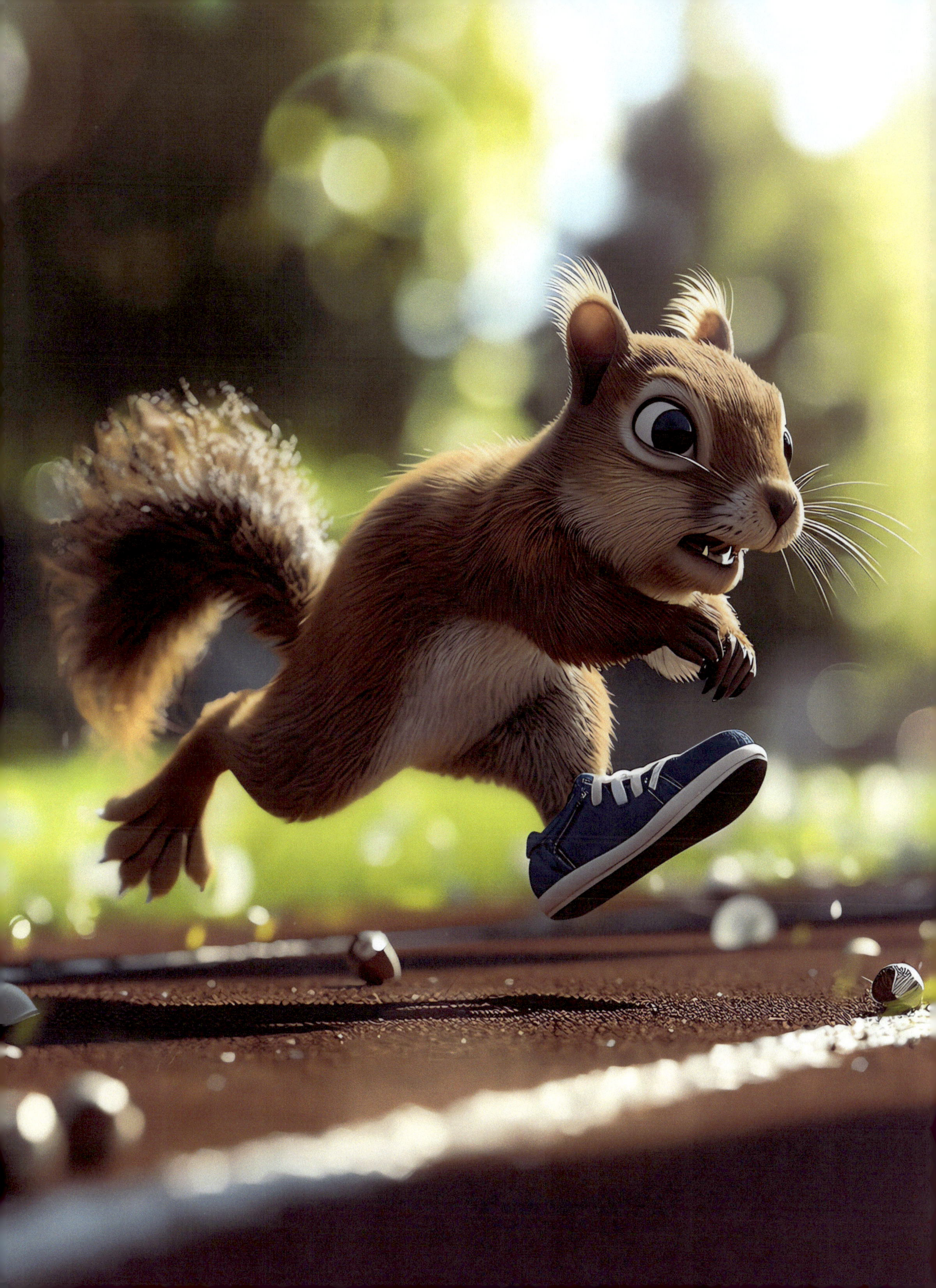

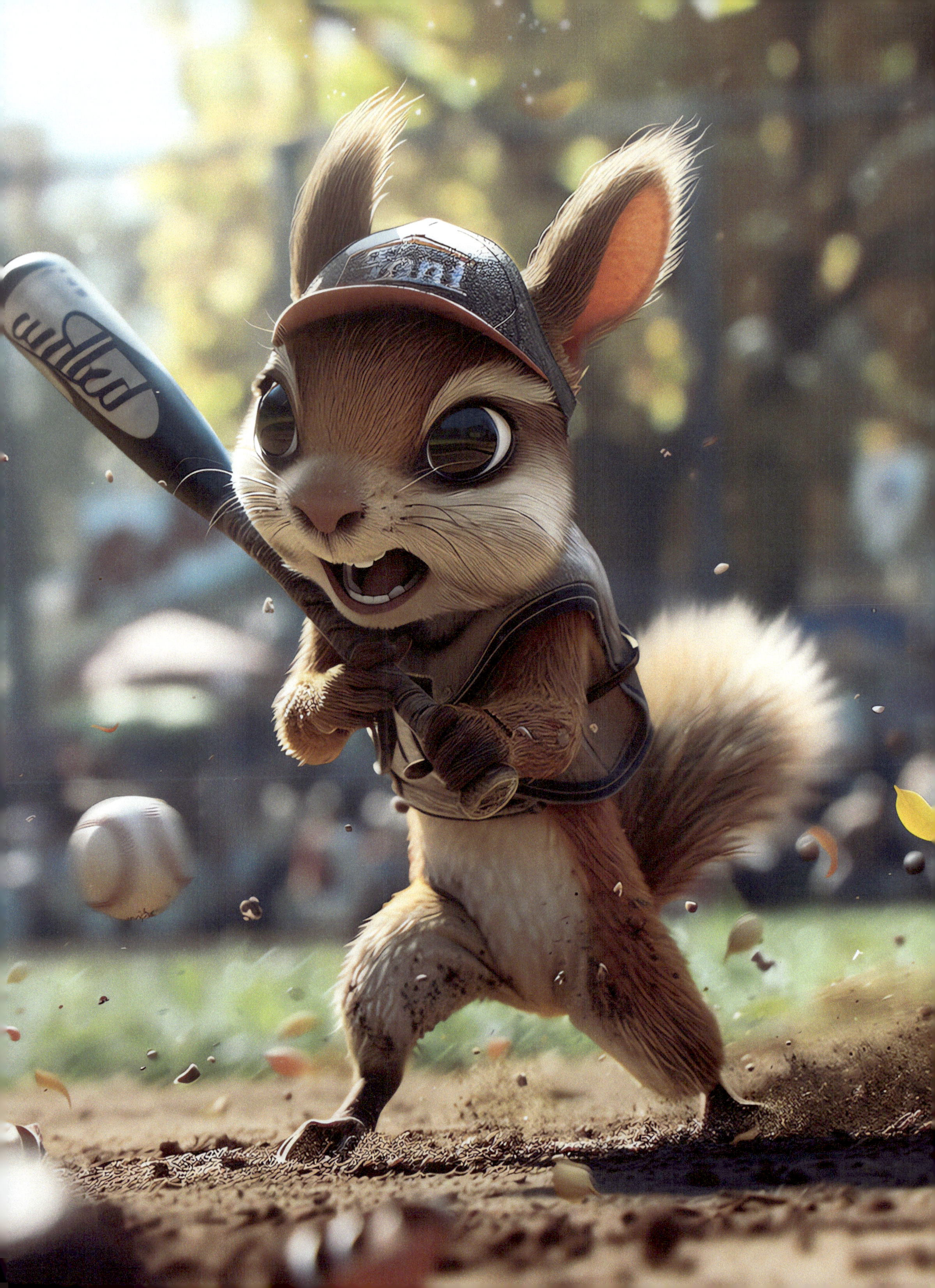

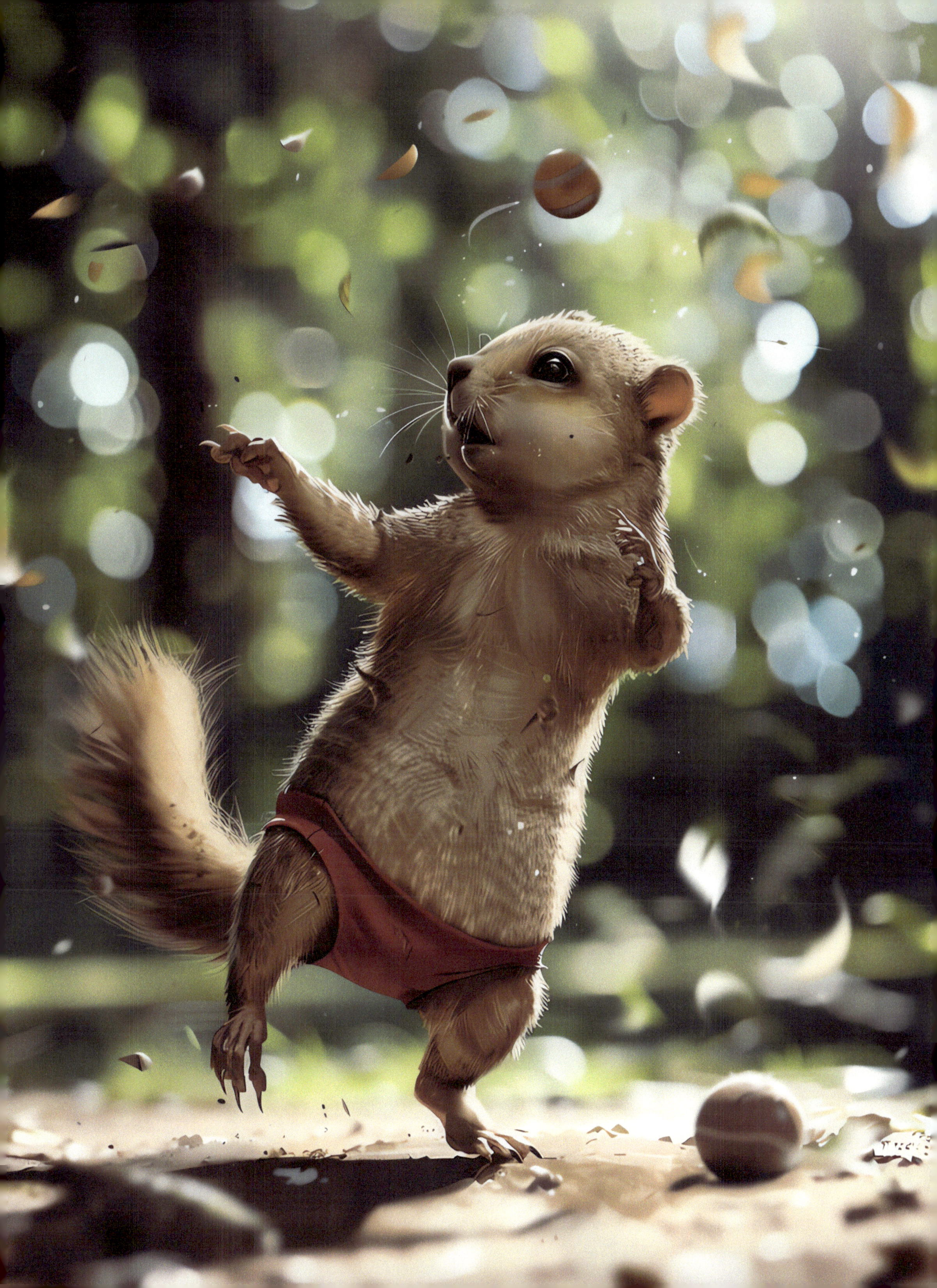

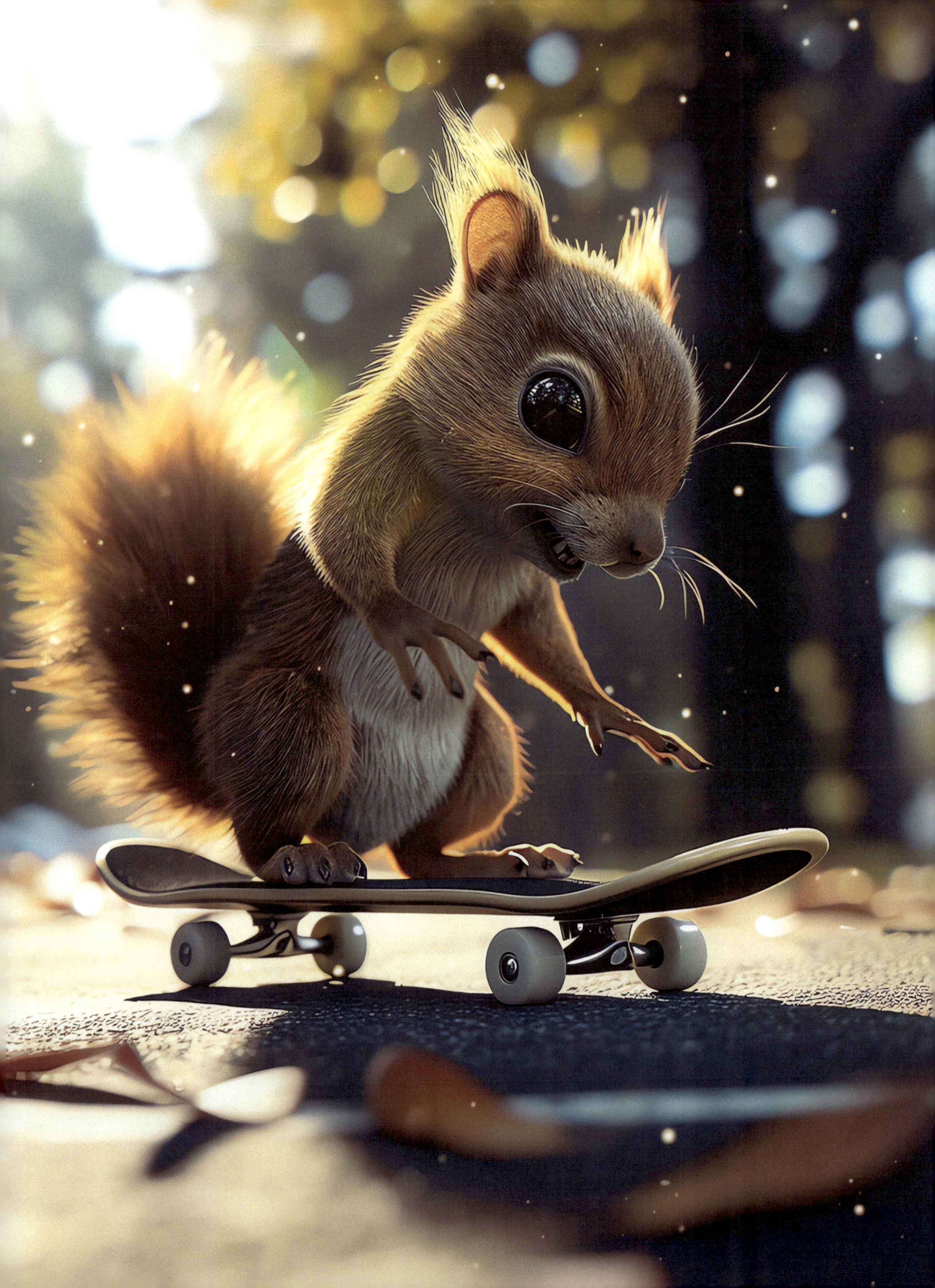

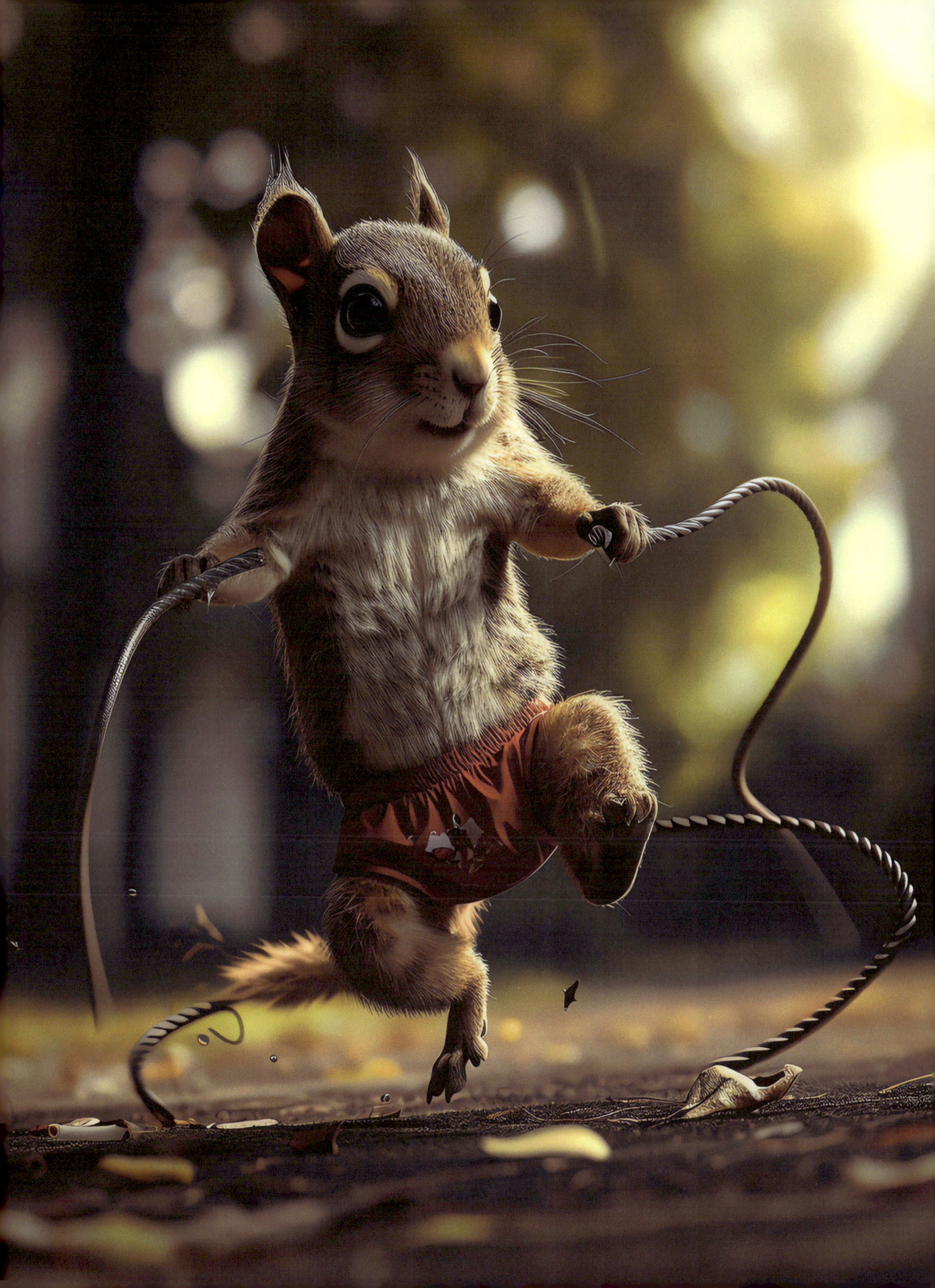

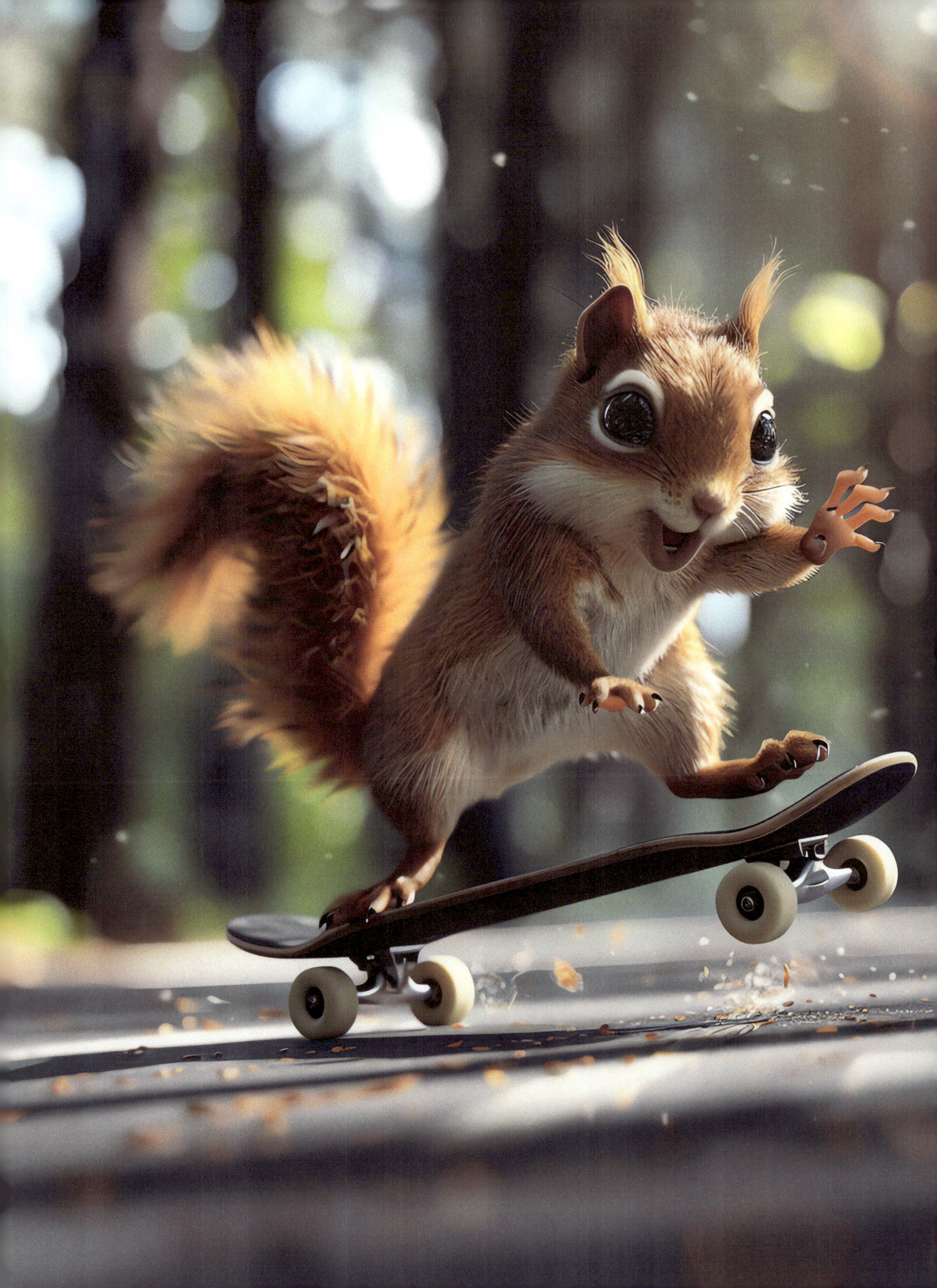

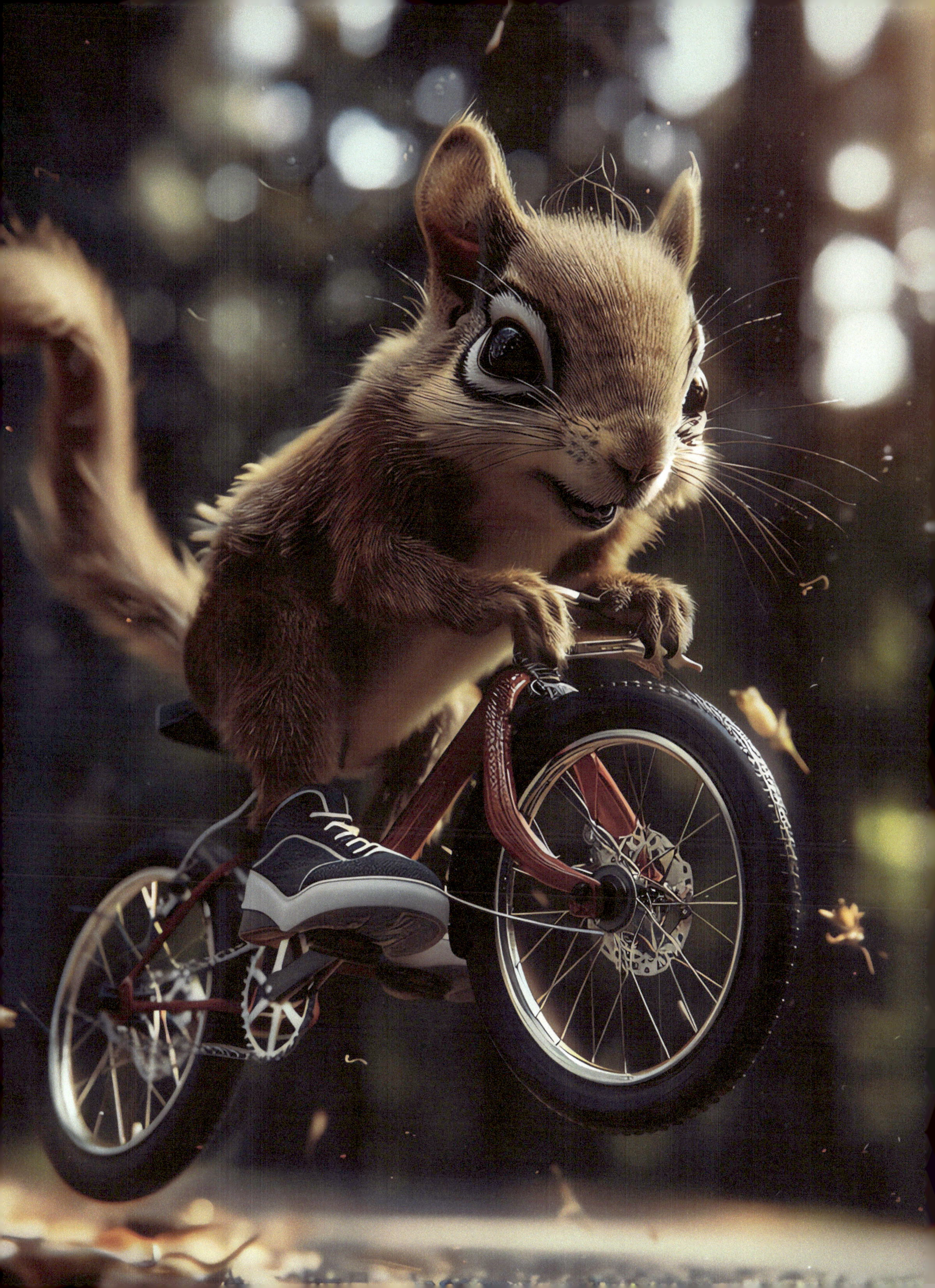

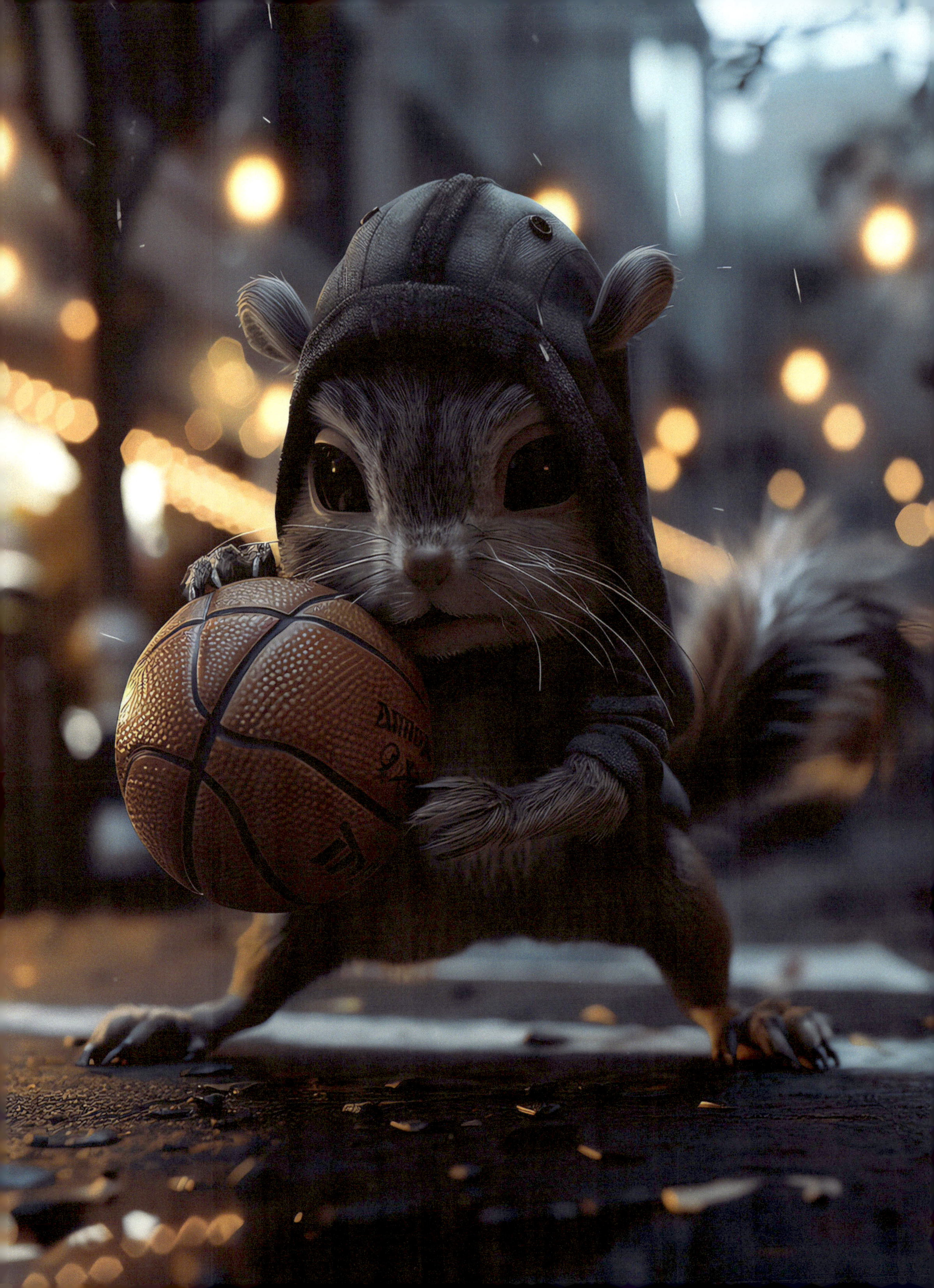

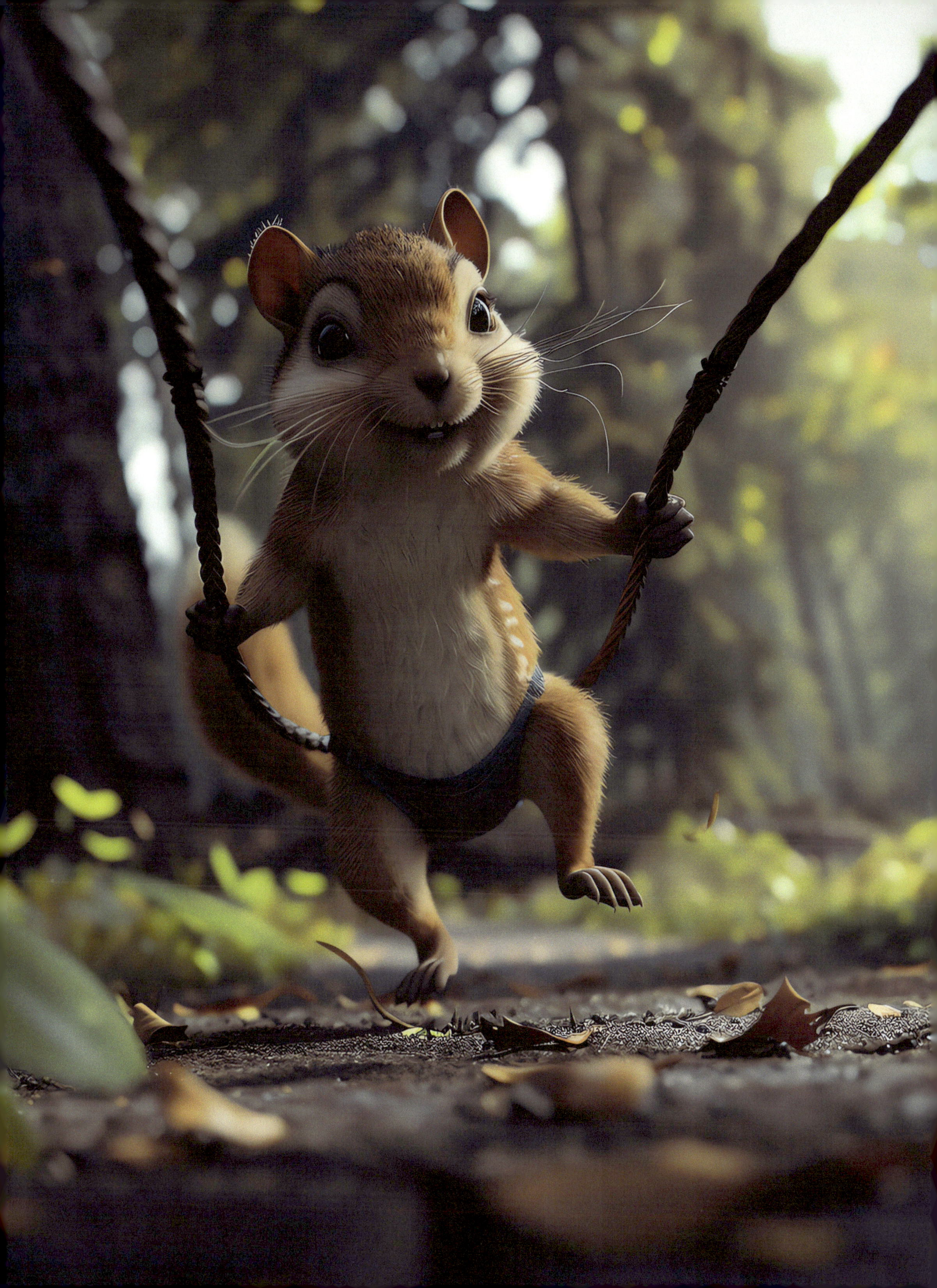

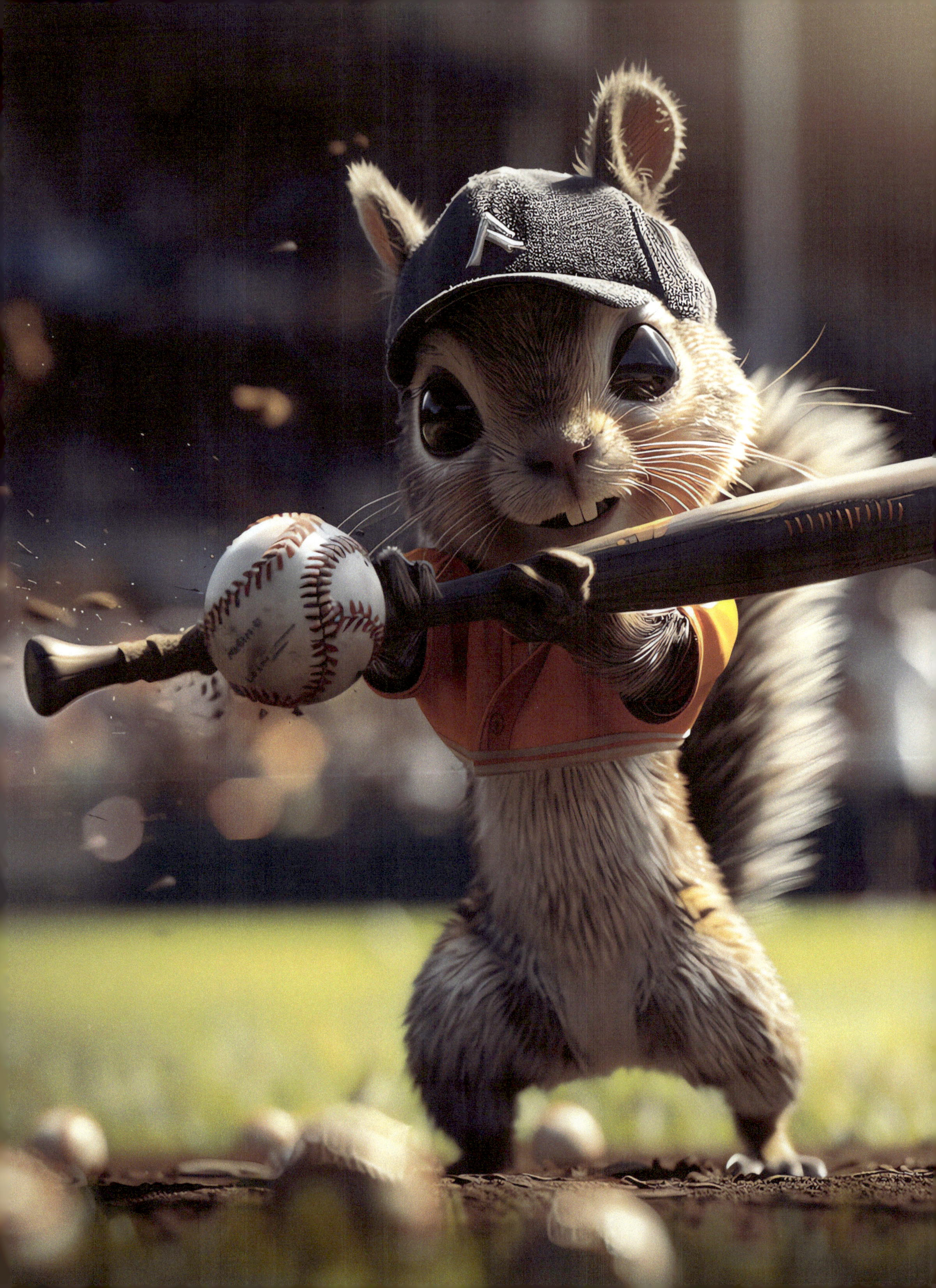

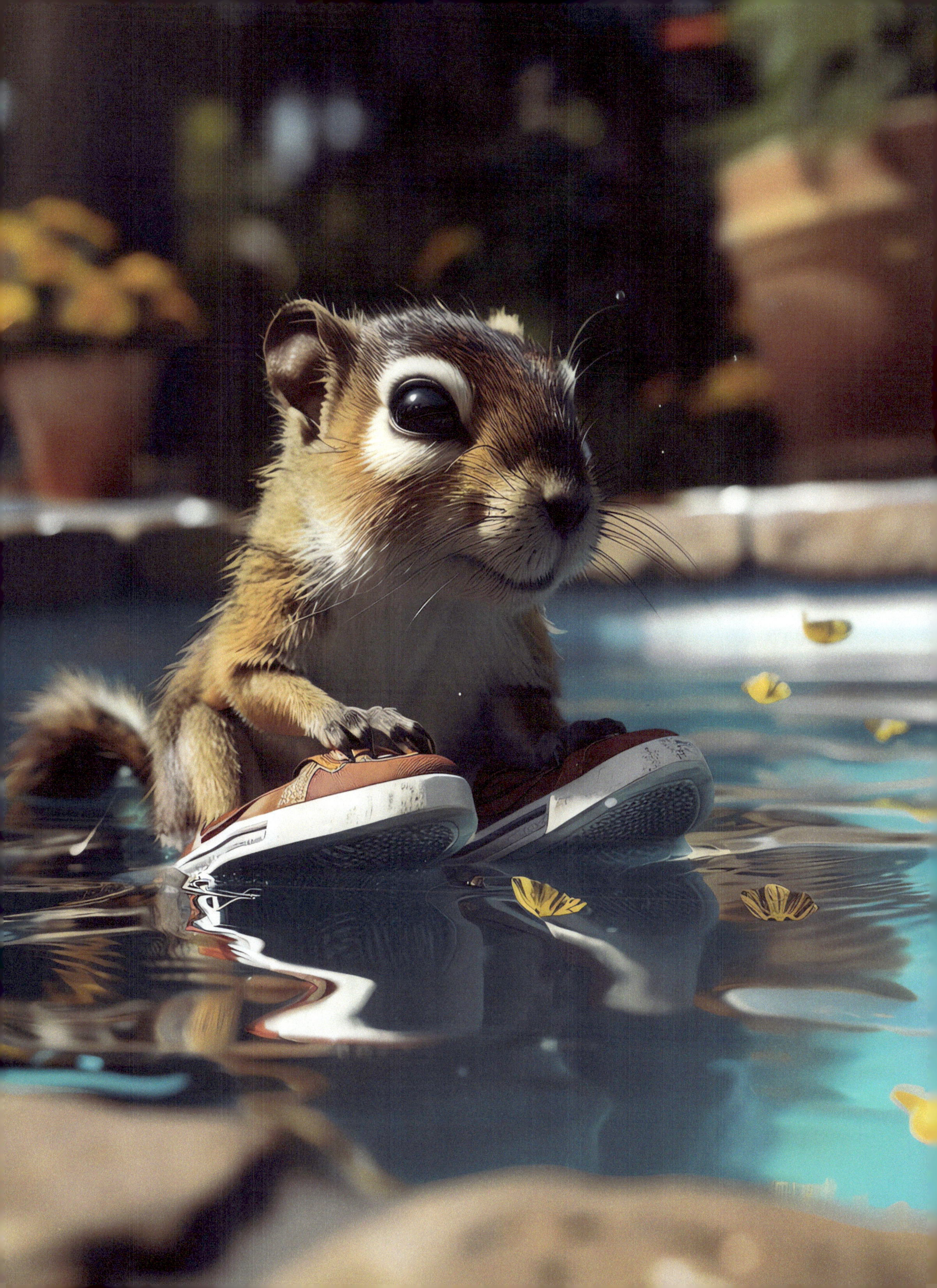

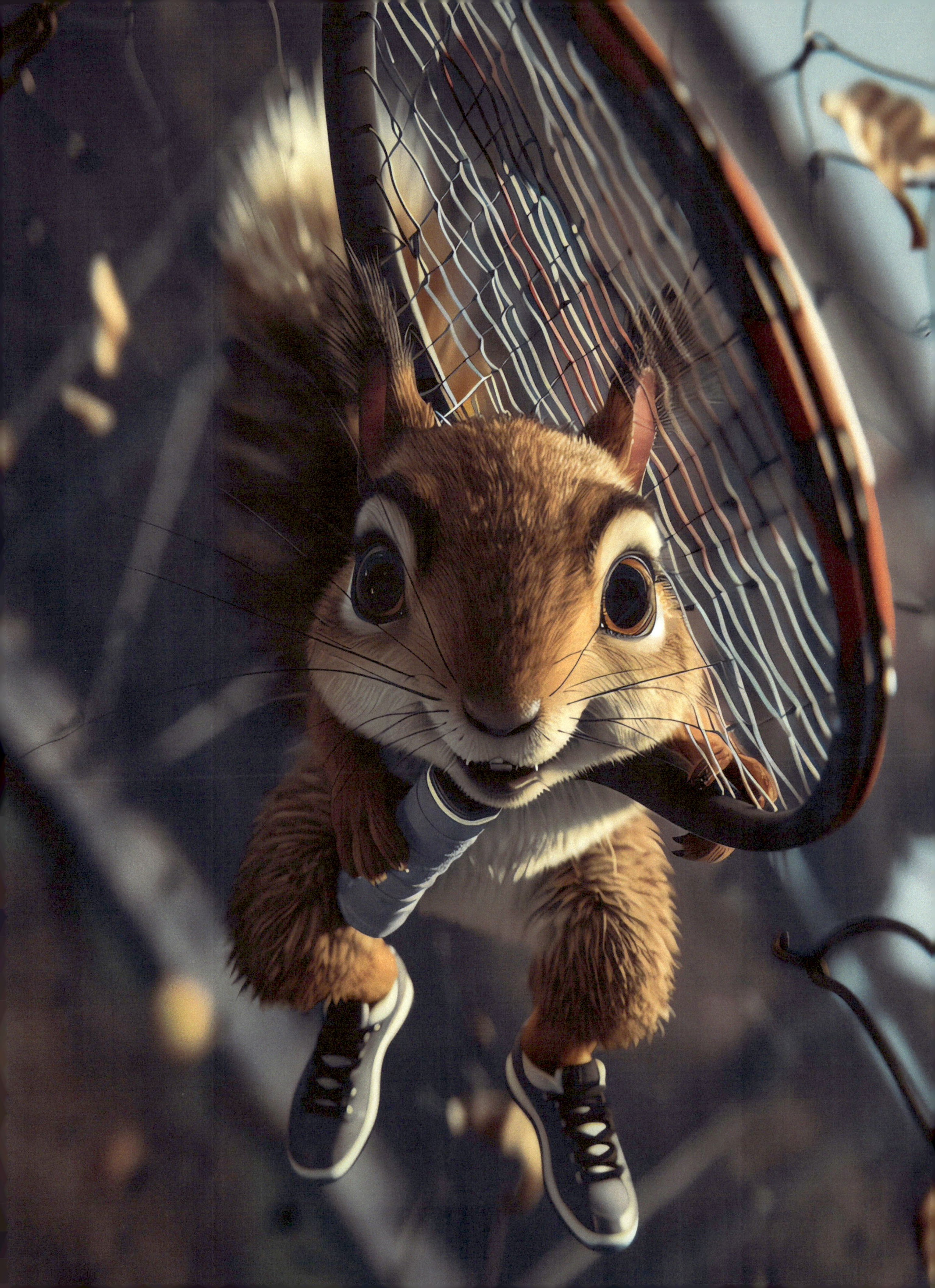

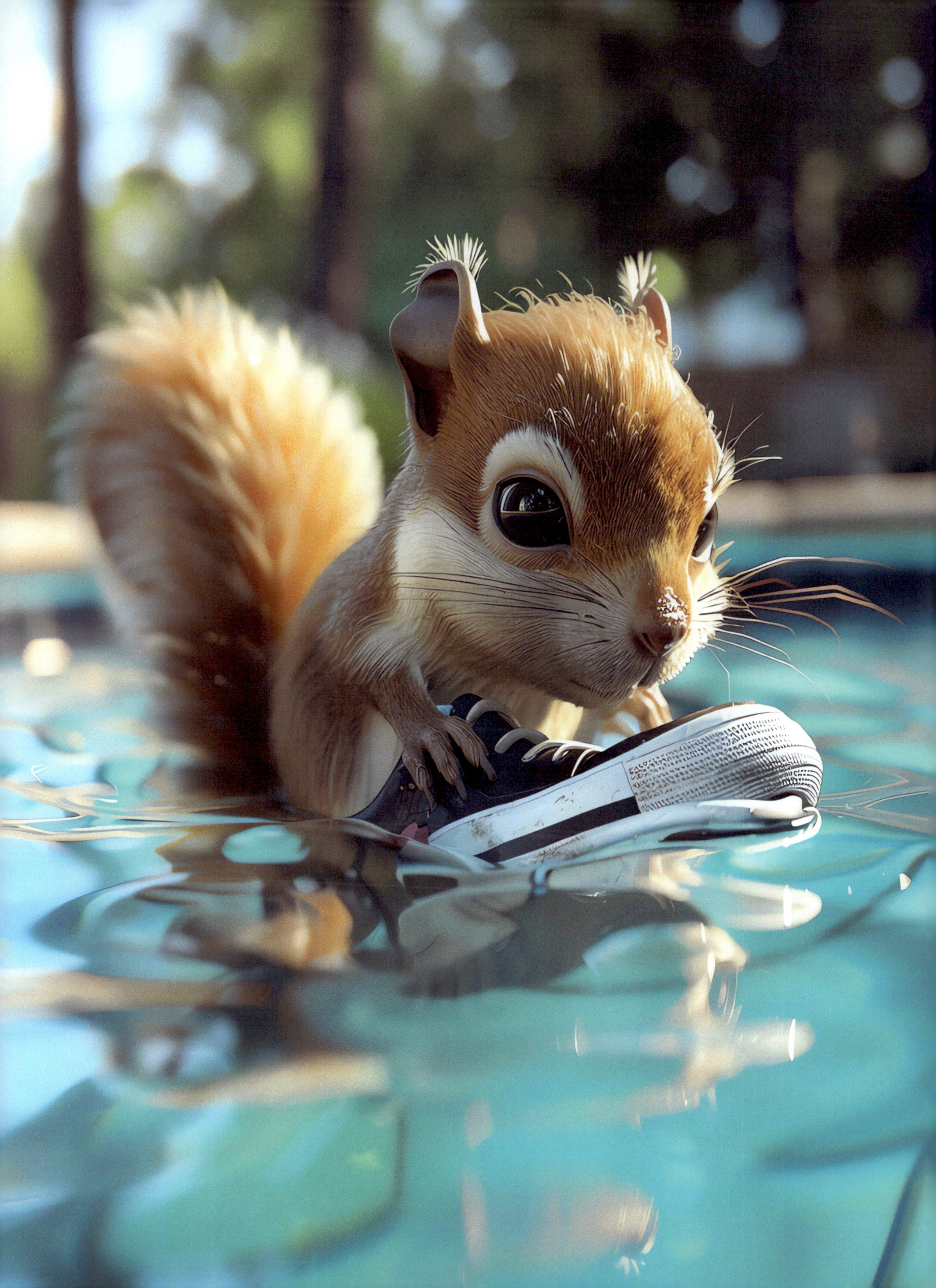

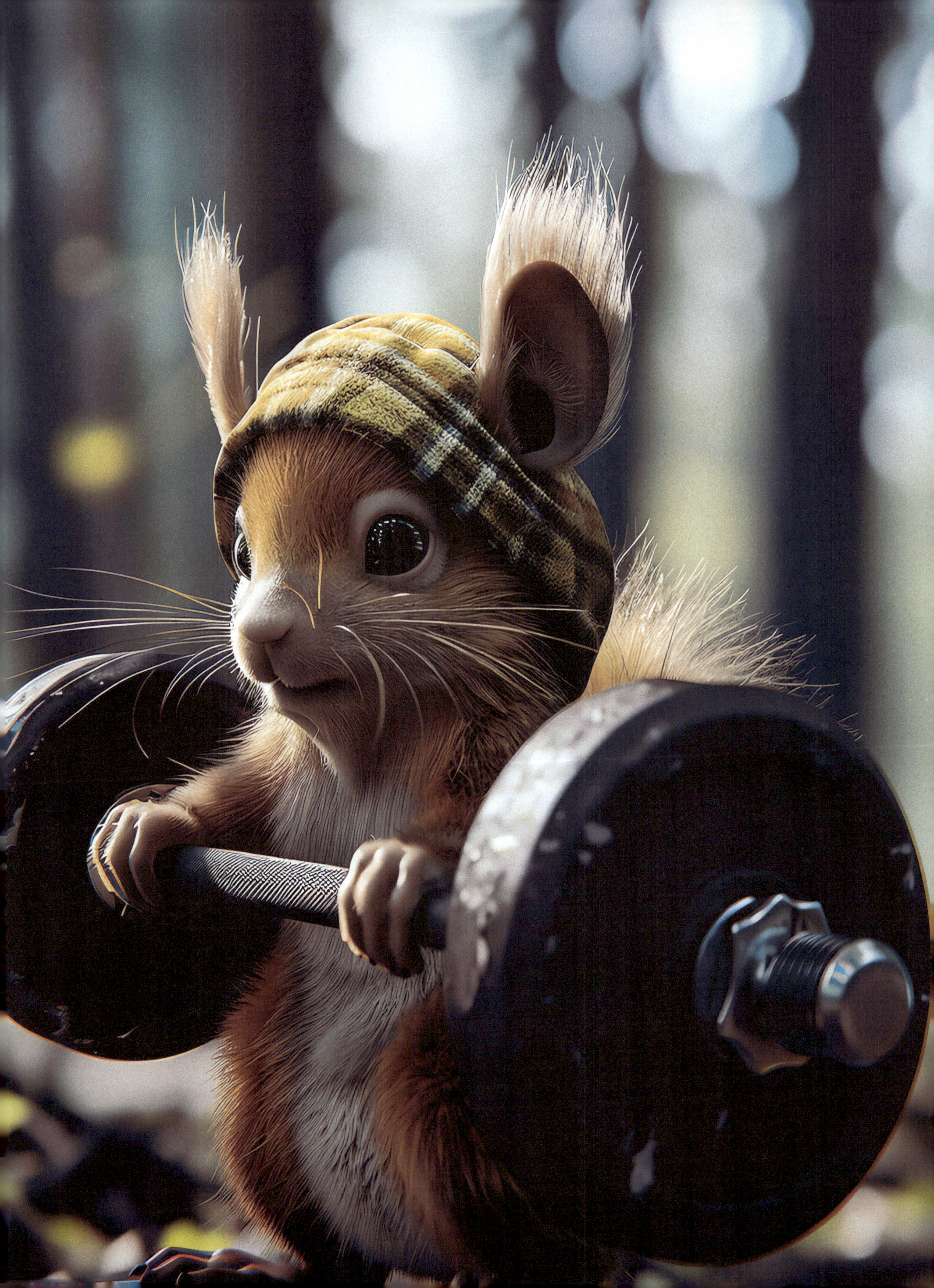

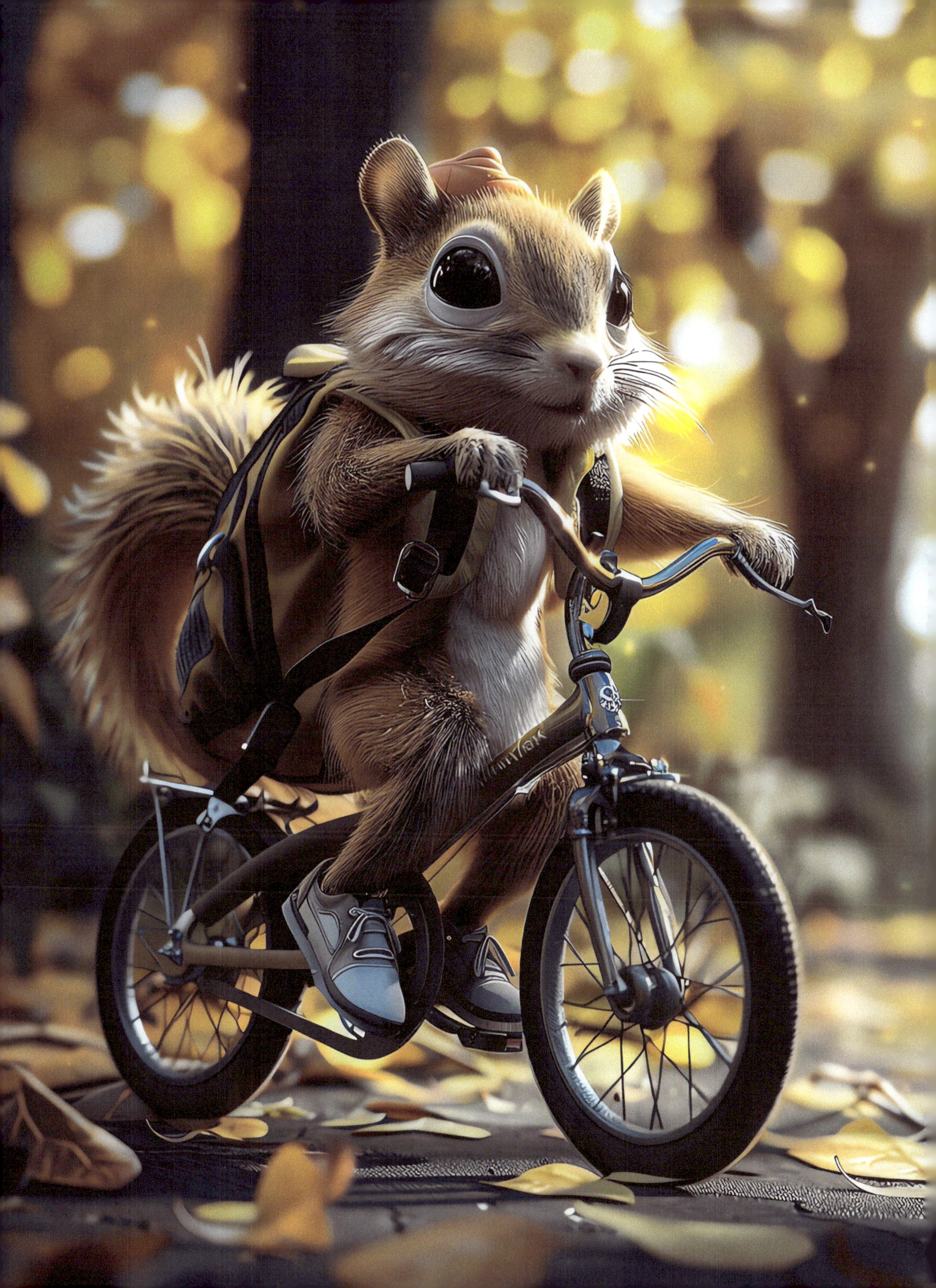

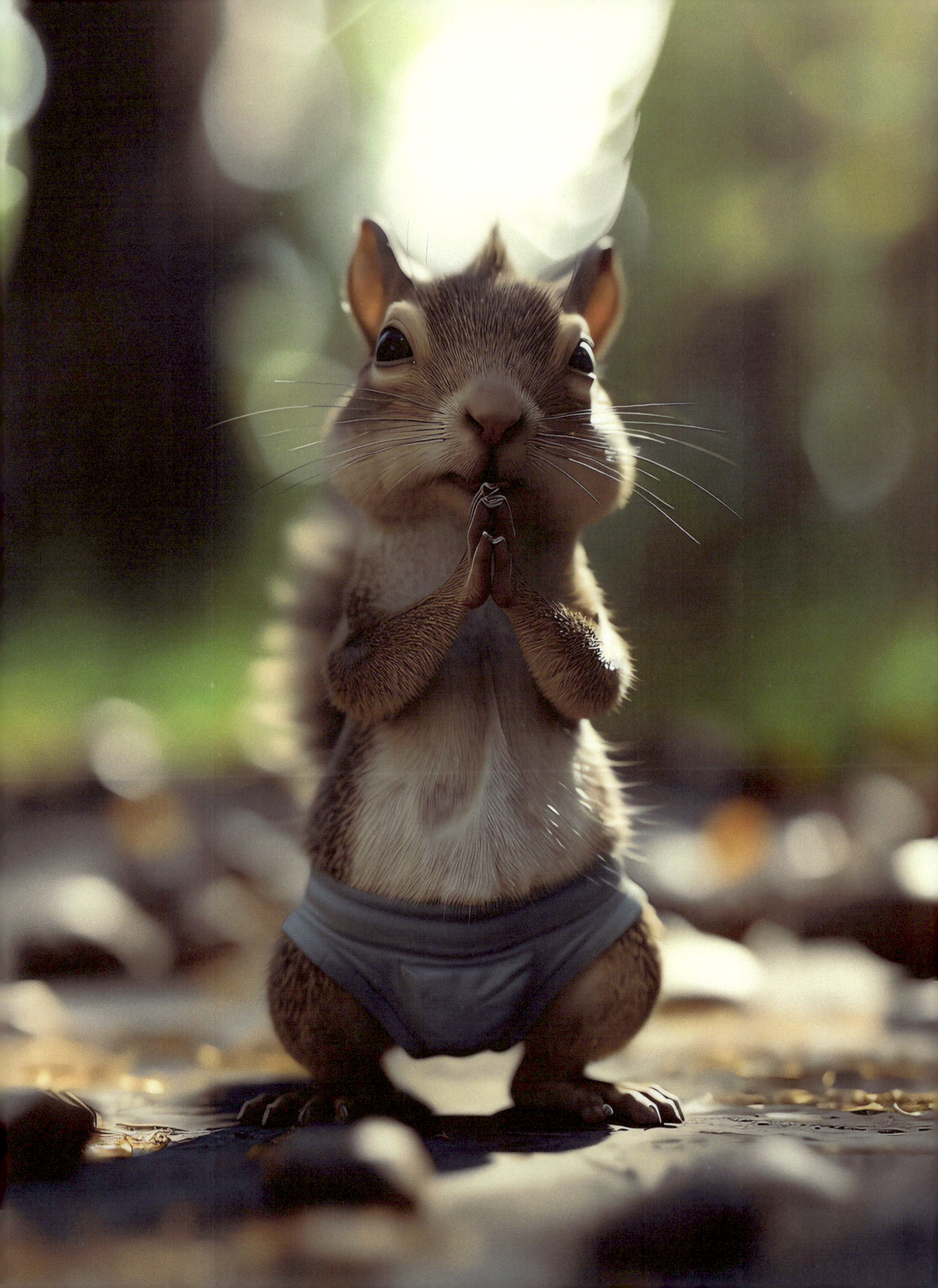

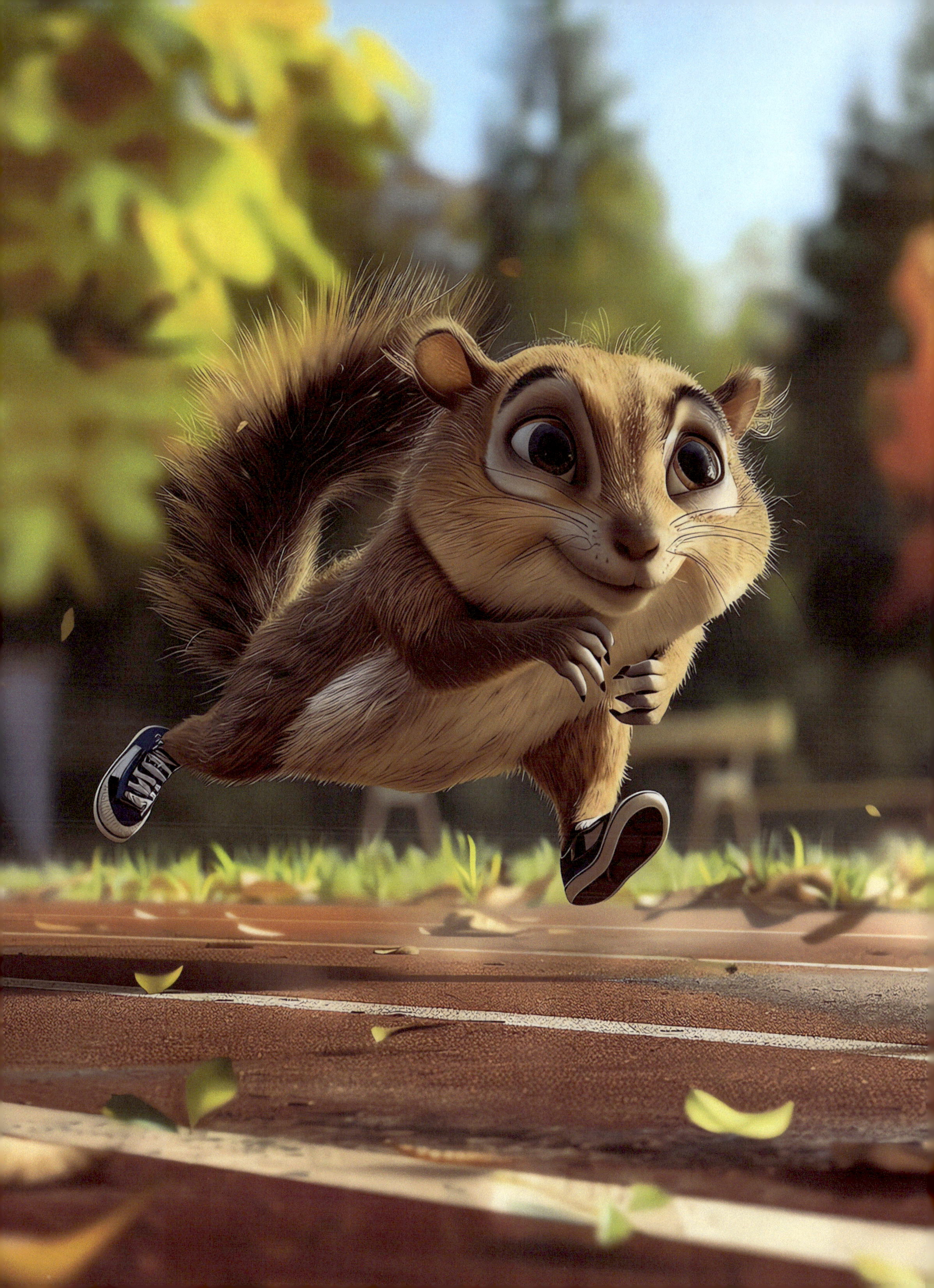

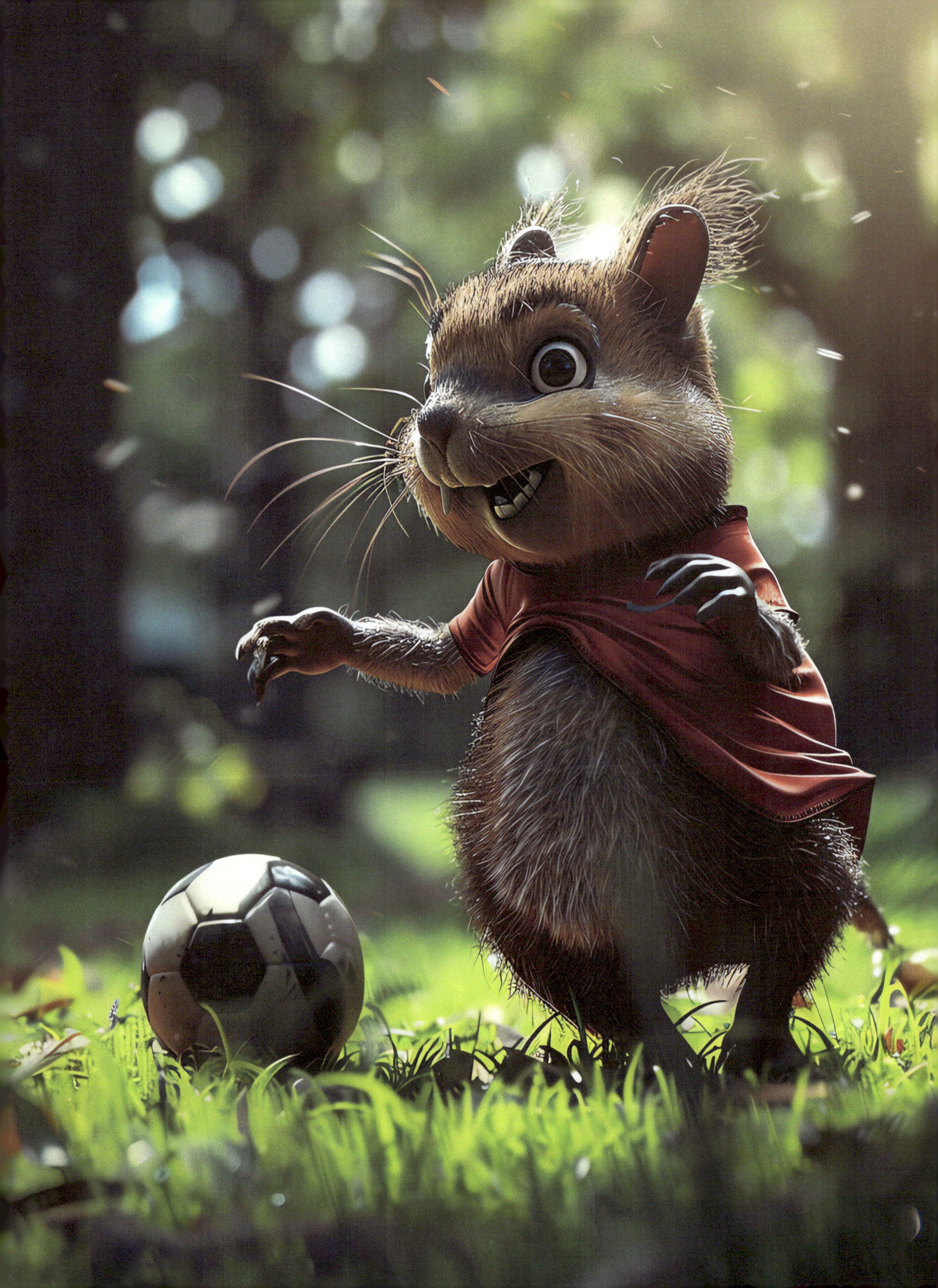

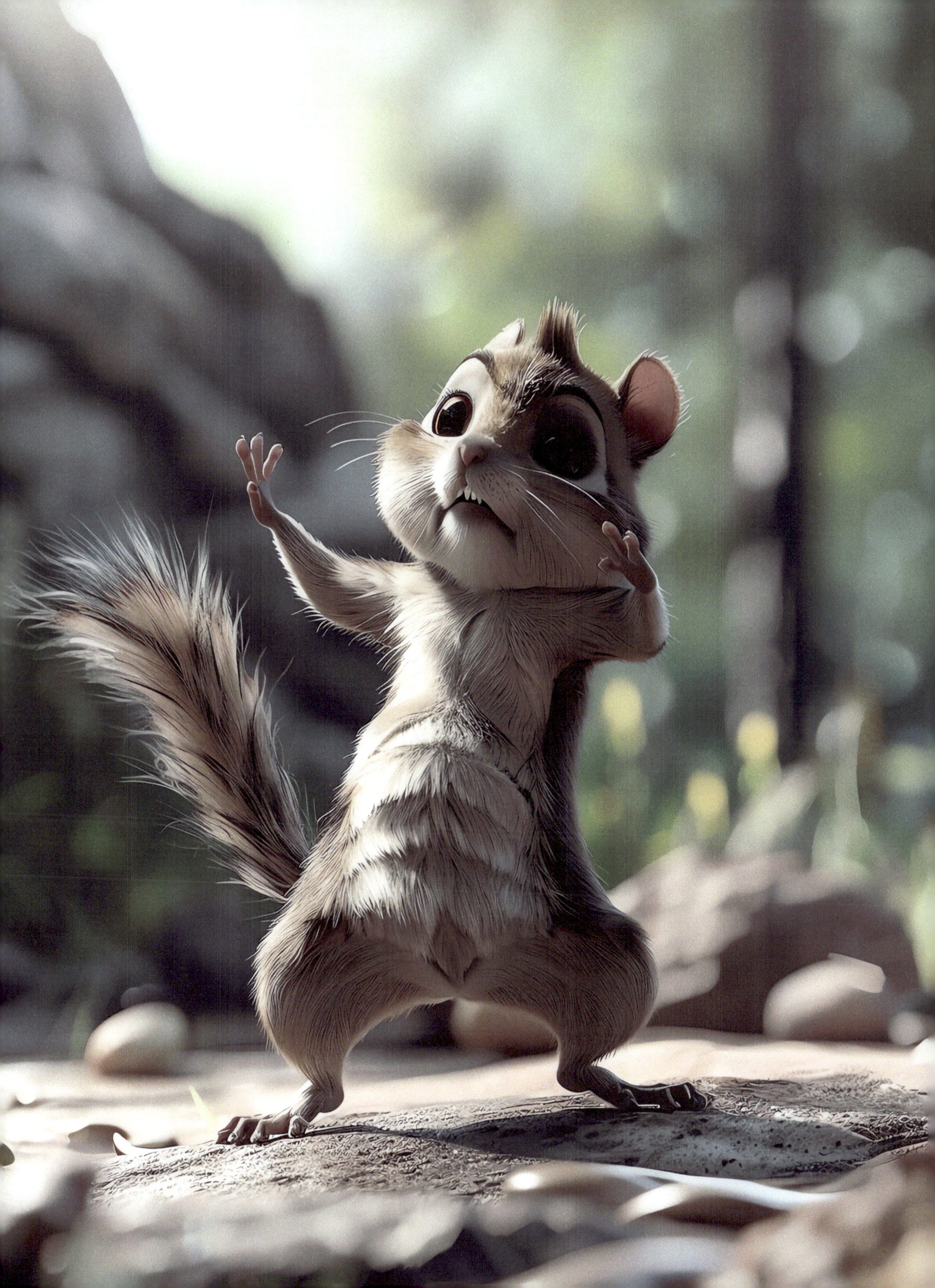

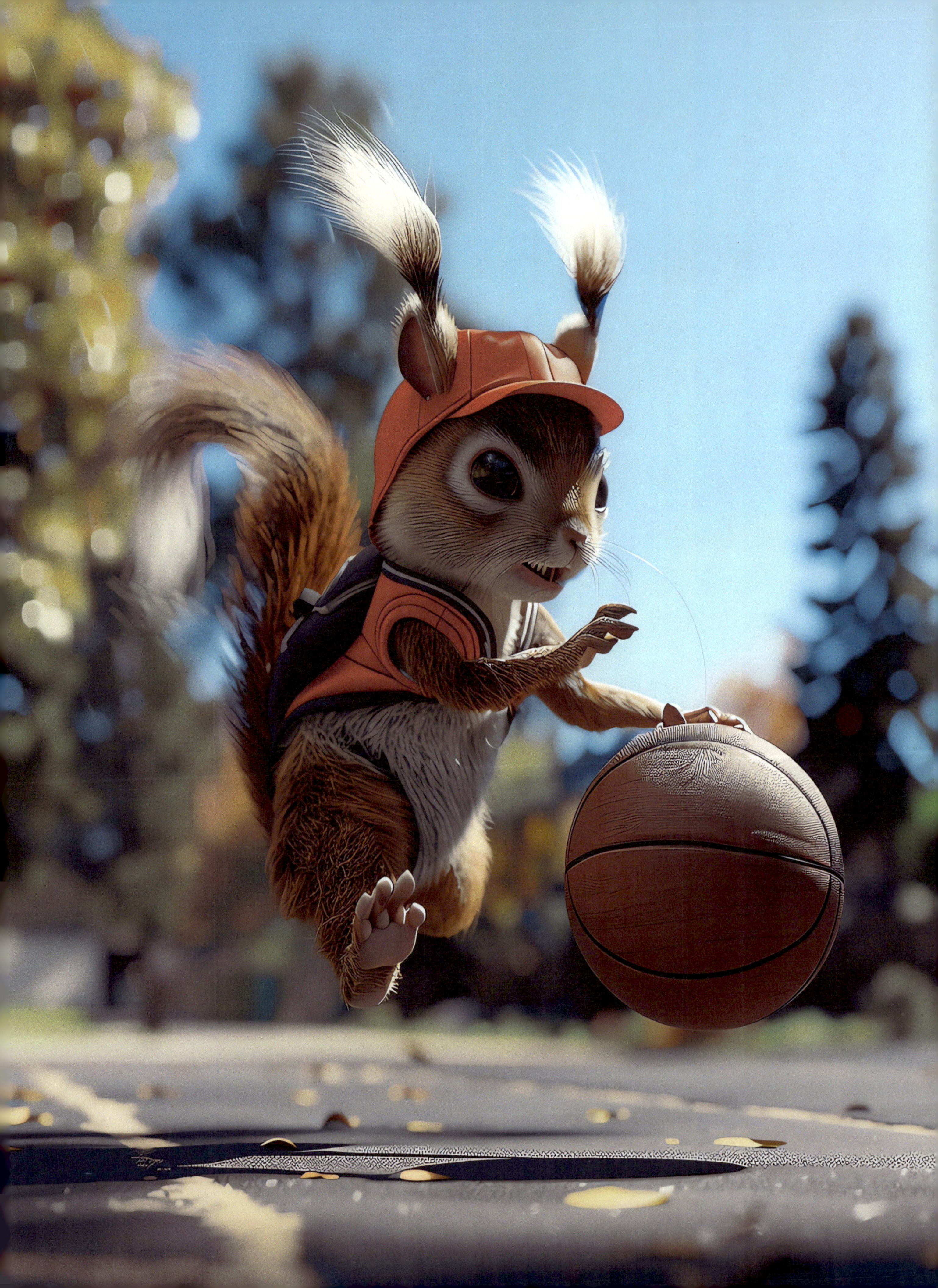

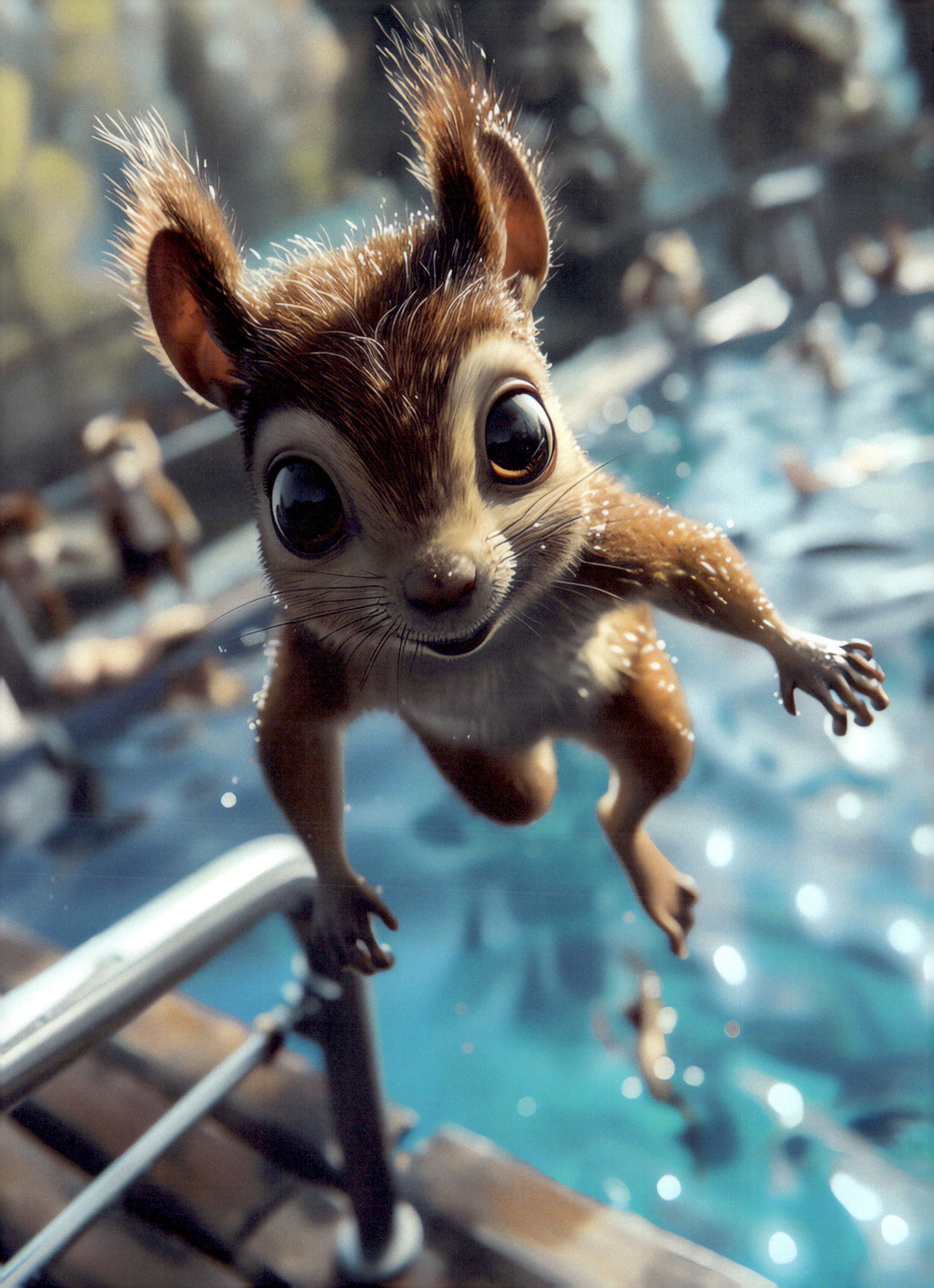

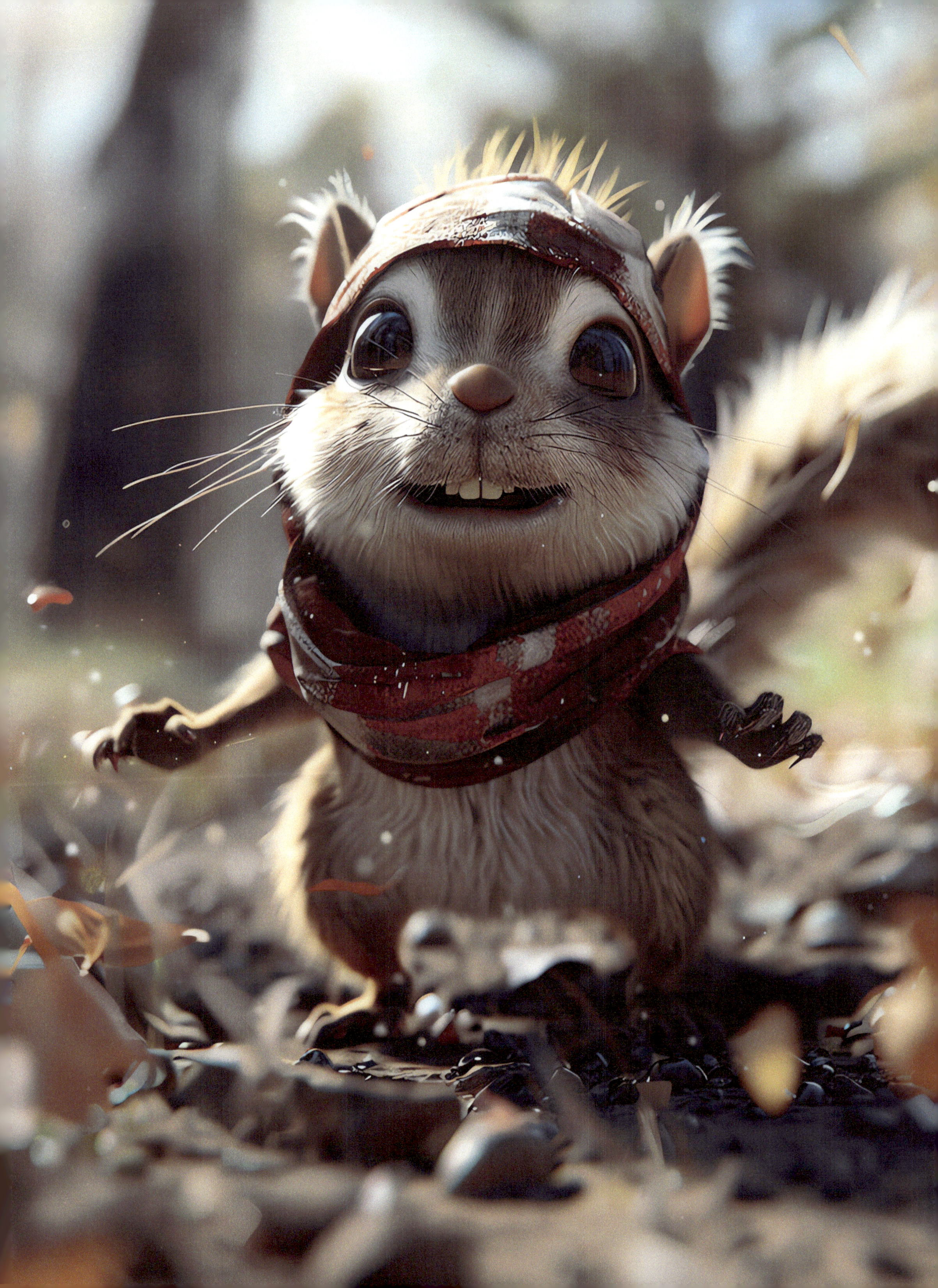

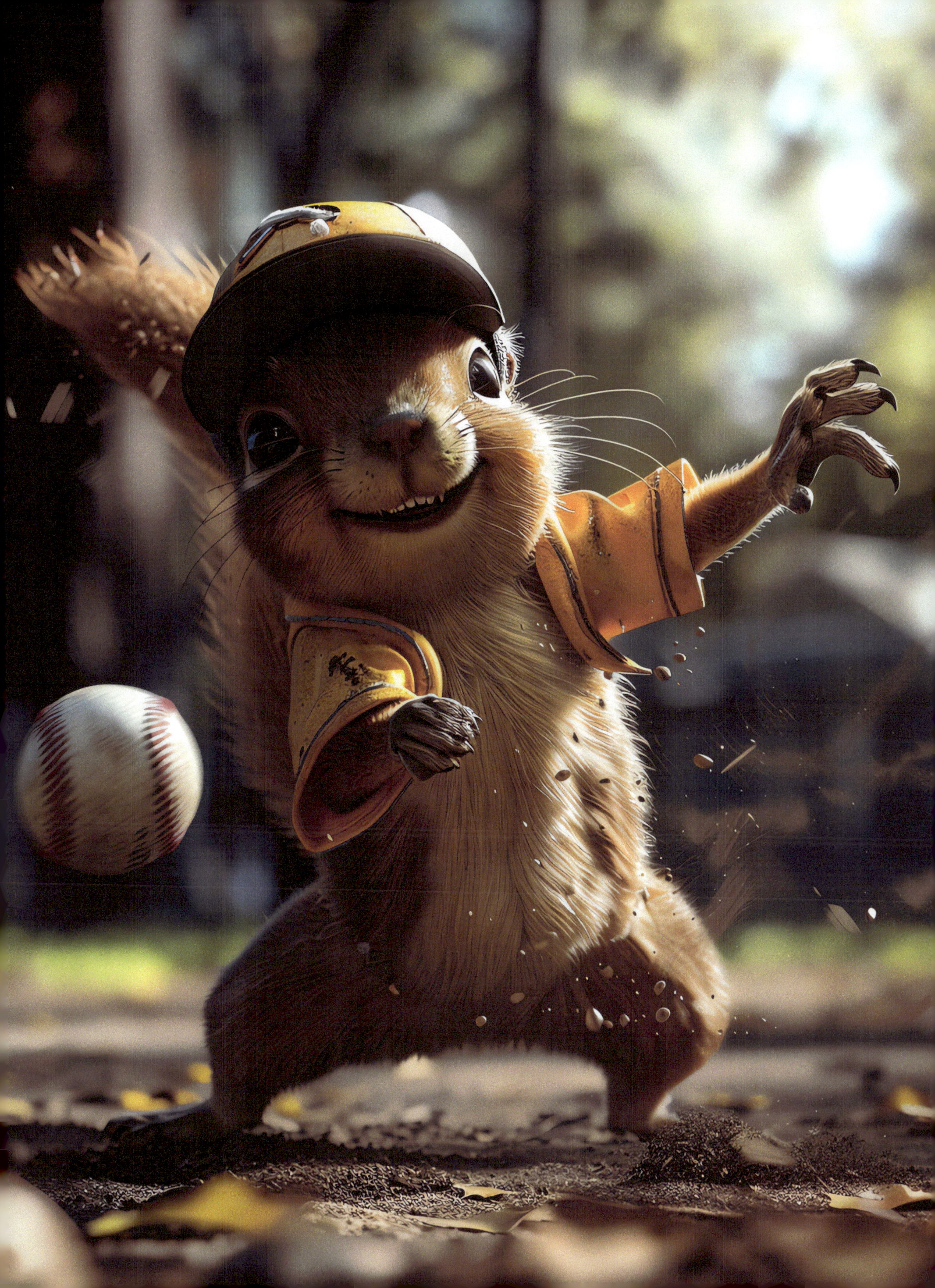

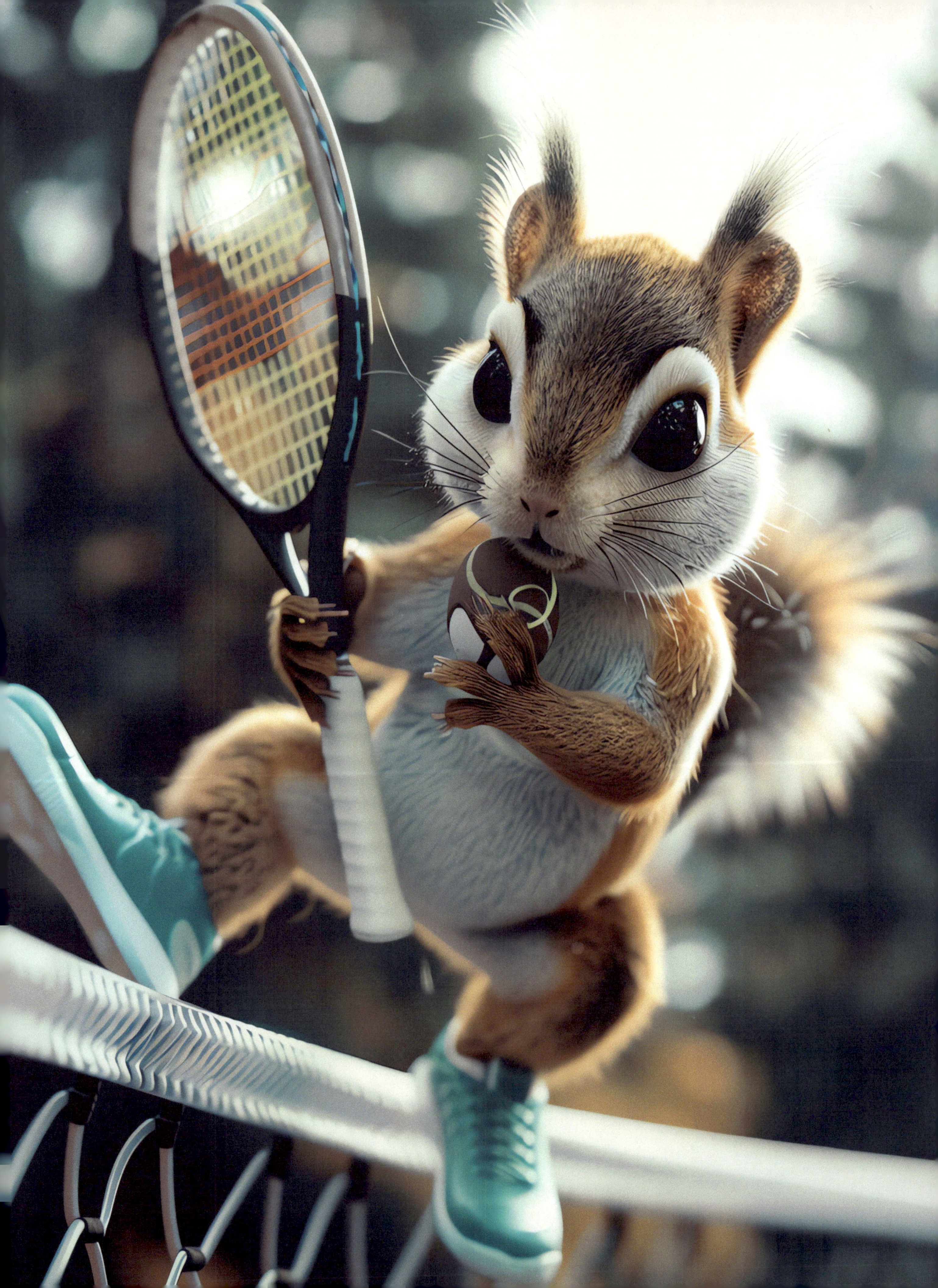

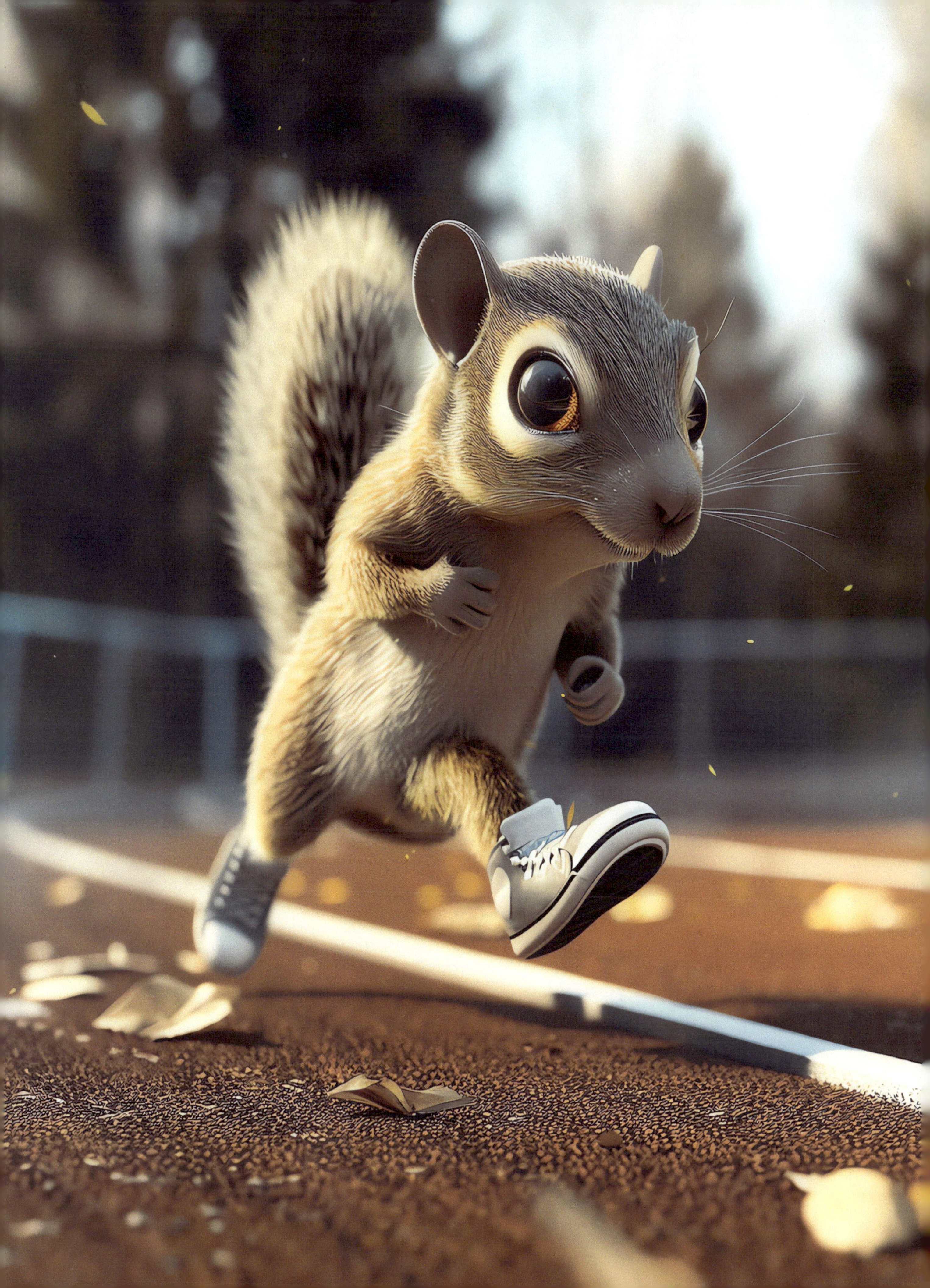

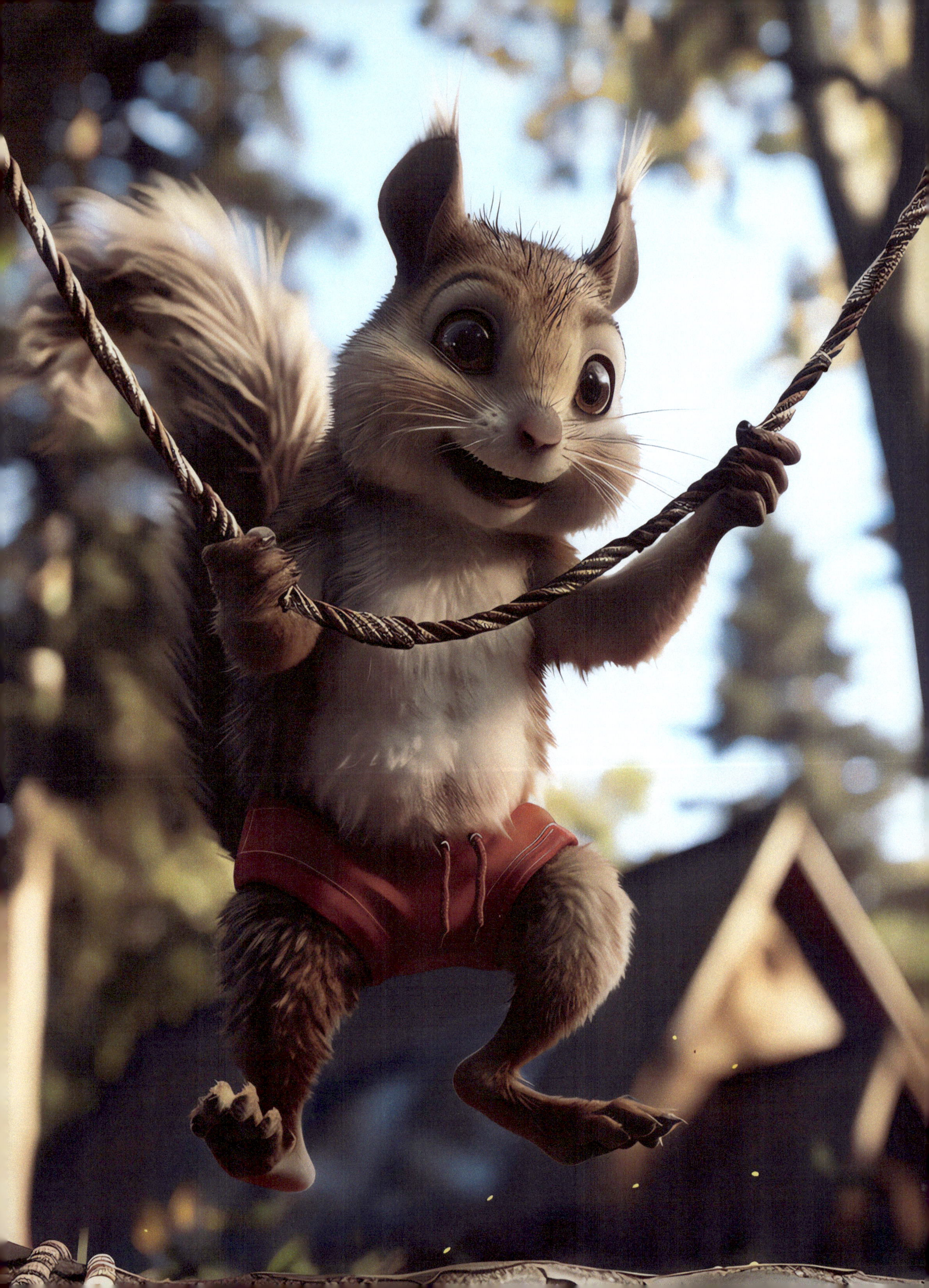

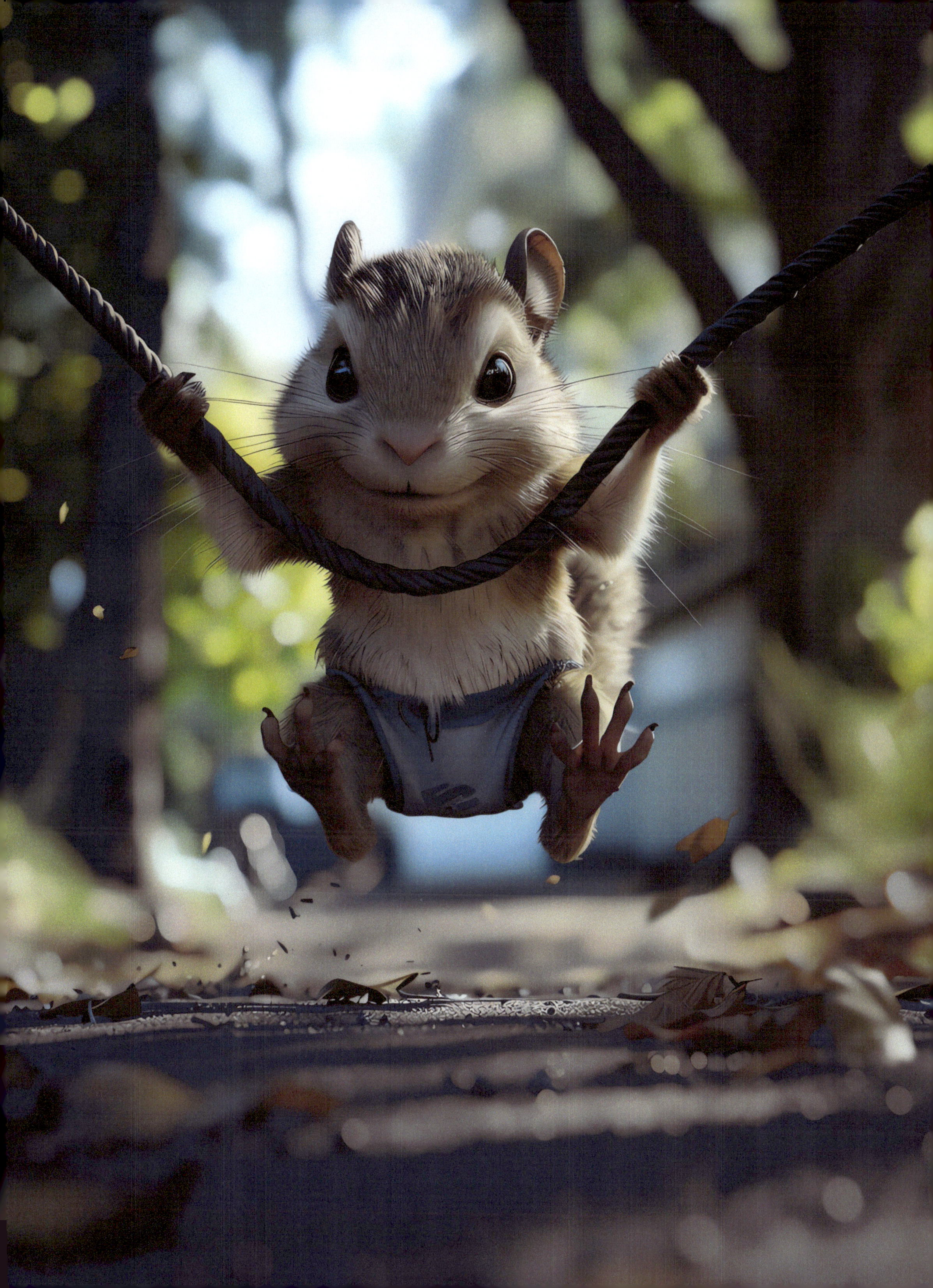

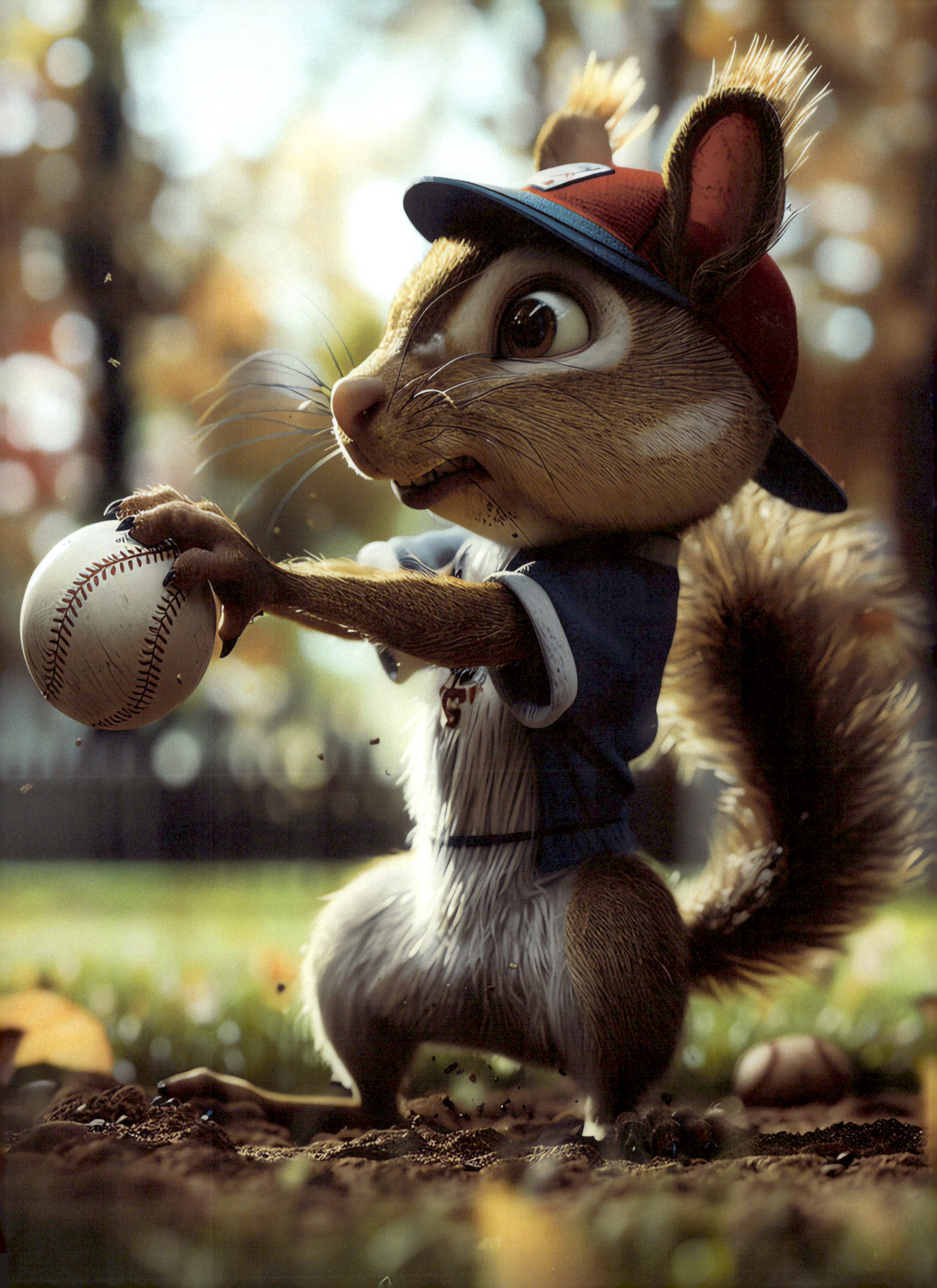

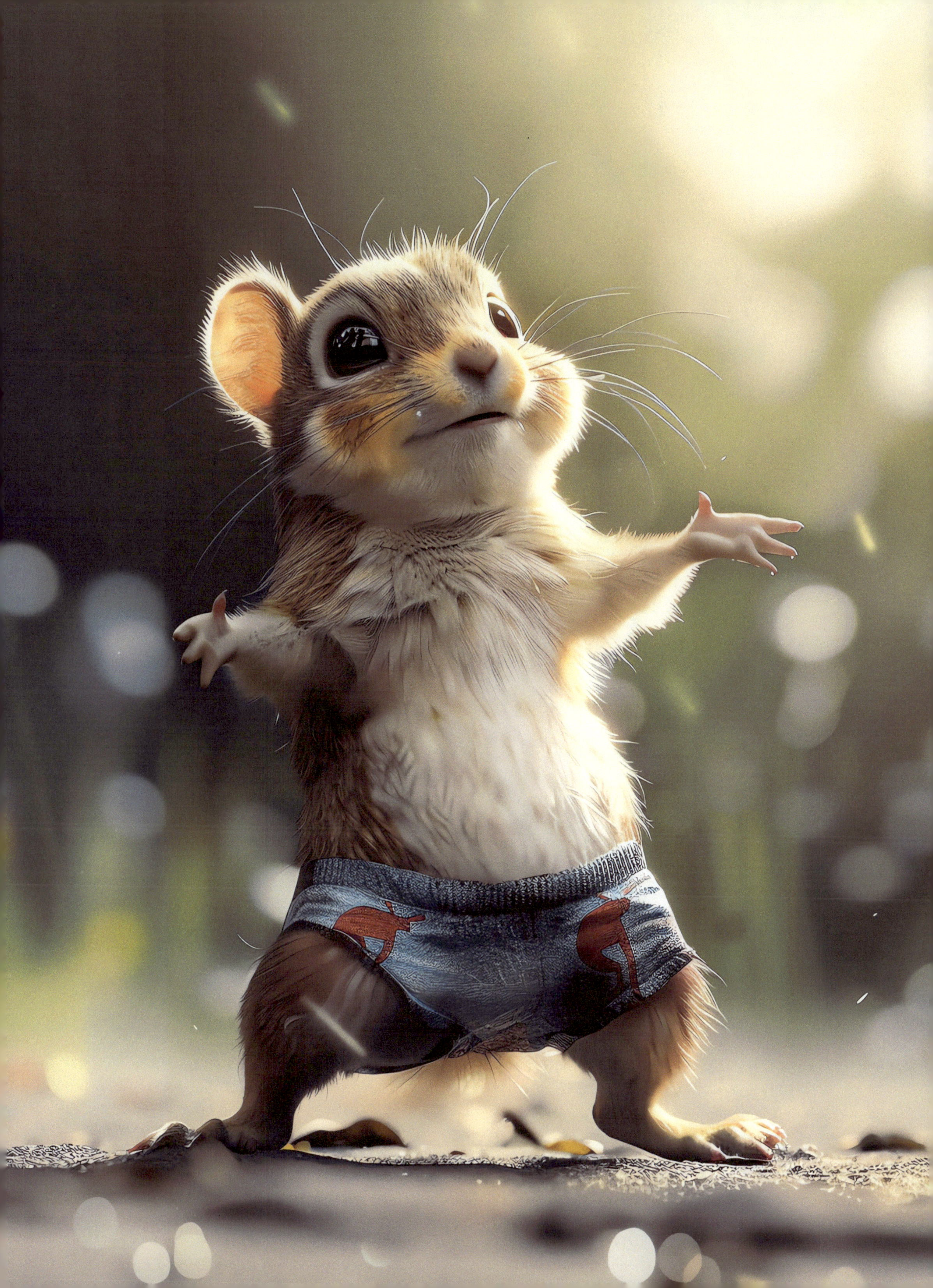

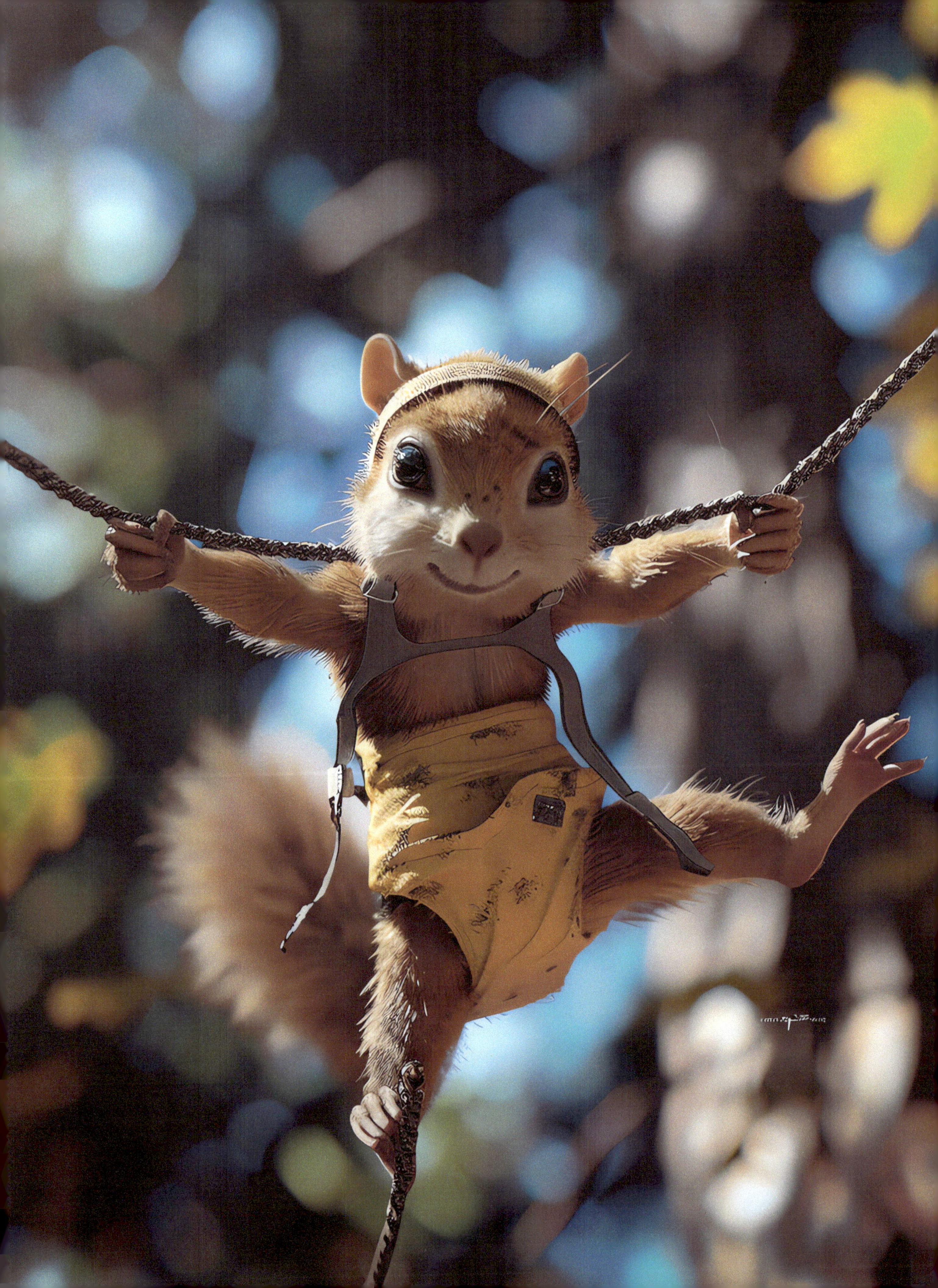

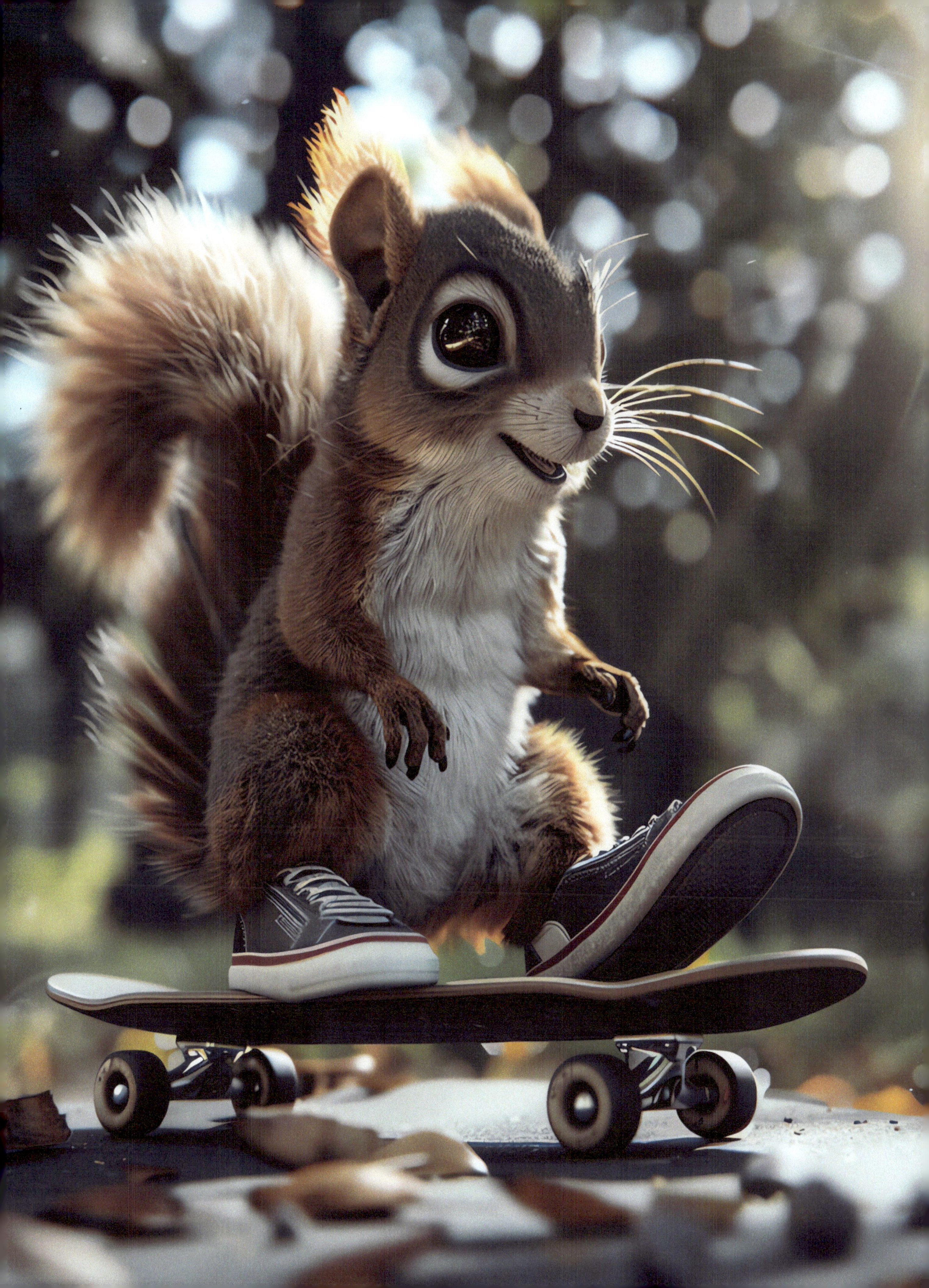

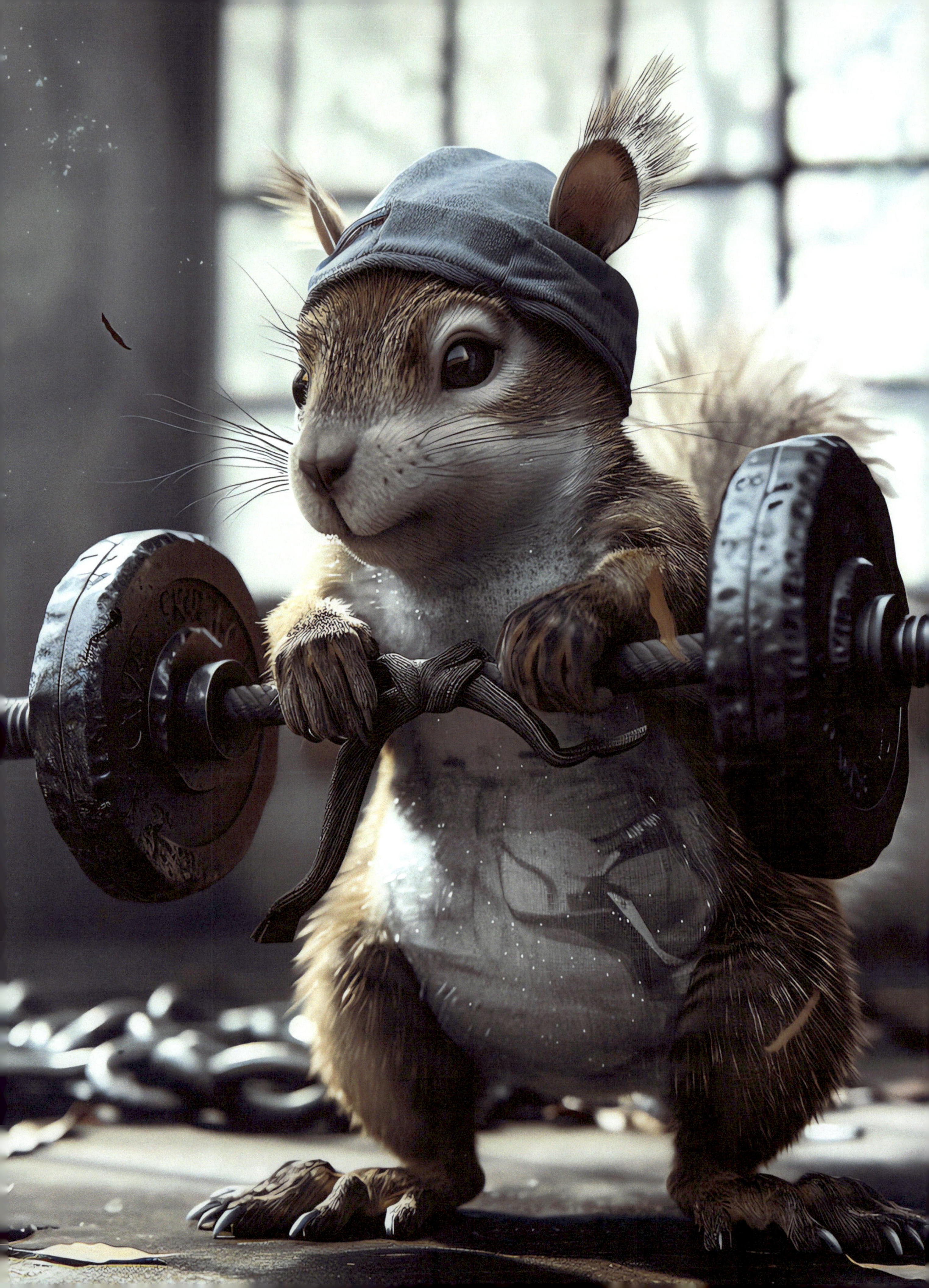

www.ingramcontent.com/pod-product-compliance
Lightning Source LLC
Chambersburg PA
CBHW040447220526
45473CB00004B/1550
* 9 7 9 8 3 0 1 2 0 5 4 7 7 *